Das neue
Bastelbuch für Kinder

Das neue Bastelbuch für Kinder

Emmanuela Düsseldorfer (Hrsg.)

DASSERMANN

Das Nachbilden der Modelle ist ausschließlich zum privaten Gebrauch gestattet. Alle in diesem Buch veröffentlichten Modelle sind urheberrechtlich geschützt und dürfen nur mit ausdrücklicher Genehmigung des Verlags gewerblich genutzt oder ausgewertet werden.

Die Modelle stammen von folgenden Urheberinnen und Urhebern:
Christine Adjano: Seite 159; Ursula Barff, Taunusstein: Seite 40, 41, 70, 76, 110, 124, 184; Ursula Barff/Jutta Maier; Seite 32, 38, 42, 50, 51, 64, 66, 72, 82, 85, 102, 126, 130, 132, 152, 154, 178, 180; Ursula Barff/Inge Burkhardt/Jutta Maier: Seite 24, 26, 27, 28, 30, 48, 54, 56, 60, 62, 72, 73, 78, 84, 90, 94, 98, 120, 122, 125, 138, 142, 144, 145, 148, 149, 150; Inge Burkhardt, Stuttgart: Seite 22, 36, 49, 52, 92, 101, 114, 116, 118, 182; Hanne Emrich u. a.: Seite 58, 88; Vera Ettelt, Bornheim: Seite 157, 158; Angelika Hahn, Waltrop: Seite 165; Silvia Horak, Wien; Seite 20, 23, 106, 113; Claudia Hüfner, Frankenthal: Seite 79; Brigitte Jetzek-Berkenhaus, Köln; Seite 80; B.-F. Lohse, Berlin; Seite 86, 134: Heike Mewes, Vaihingen-Enz: Seite 46; Iris Prey, Hamburg: Seite 156; Heidrun Röhr, Leonberg-Eltingen: Seite 162, 163; Daniela Schneider, Frankfurt/Main: Seite 112; Reinhild Schulze, Paderborn: Seite 29, 128, 164; Christa Söder-Wagenhäuser: Seite 104; Sigrid Wetzel-Maesmann: Seite 9

Die Deutsche Bibliothek – CIP-Einheitsaufnahme

Das **neue Bastelbuch für Kinder** / Emmanuela Düsseldorfer (Hrsg.). –
Niedernhausen/Ts. : Bassermann, 1994
ISBN 3-8094-0141-2
NE: Düsseldorfer, Emmanuela [Hrsg.]

ISBN 3 8094 0141 2

Titelbildgestaltung: Andreas Jacobsen
Fotos: Foto-Design-Studio Gerhard Burock, Wiesbaden-Naurod: Seite 4, 11, 13, 15, 32, 35, 38, 42, 66, 68, 76, 85, 87, 99, 104, 111, 126, 128, 129, 134, 152, 159, 178, 186; Thomas Pfündel, Stuttgart: Seite 3, 9, 24, 26, 30, 48, 50, 51, 54, 56, 62, 64, 74, 75, 80, 86, 92, 93, 94, 96, 100, 101, 102, 131, 142, 147, 148, 149, 150, 161, 166, 167, 168, 170, 174, 177, 180; Klaus J. Prior, Wiesbaden: Seite 106; Bernd Scholzen, Mönchengladbach: Seite 15; Wolfgang Zöltsch, Langen: Seite 10, 17; Michael Zorn, Wiesbaden: Seite 1, 2, 6, 7, 10, 11, 14, 15, 20, 21, 22, 23, 27, 29, 36, 40, 46, 49, 52, 60, 71, 72, 78, 81, 82, 88, 90, 103, 108, 112, 114, 132, 156, 158, 162, 163, 164, 165, 185, 186
Zeichnungen: Willi Engelhardt, Pulheim; Beatrice Hintermaier, Glonn; Iris Prey, Hamburg; Daniela Schneider, Frankfurt/Main; Gerhard Scholz, Dornburg; AS-Design Ilse Stockmann-S., Offenbach; Margret Zörner-Poor, Mainz
Grafische Gestaltung: AS-Design Ilse Stockmann-S., Offenbach
Redaktion: Simone Hoffmann
Reinzeichnung der Abpausvorlagen: Evelyn Gelhard, Niedernhausen/Ts.

Gesamtkonzeption: Bassermann'sche Verlagsbuchhandlung, D-65527 Niedernhausen/Ts.

817 2635 4453 6271

Alle machen mit!

Ebenso wichtig wie die verschiedenen Spiele zum Schmusen, Raten, Denken, Quatschmachen und Toben ist für die Entwicklung der Kinder die Beschäftigung mit so verschiedenen Materialien wie Pappe und Papier, Holz und Stroh, Wolle und Stoffen, Klebstoff und Schere, Blättern und Zweigen, Knetmasse, Salzteig, Ton und Farbe.
Dieses Buch bietet die schönsten Ideen für vielfältige Bastelarbeiten rund ums Jahr – ein Vergnügen für jung und alt. Beim Basteln werden Zappelphilippe plötzlich ruhig und arbeiten konzentriert an ihrer Monstermaske aus Karton. Schüchterne Kinder werden in ihrem Selbstbewußtsein gestärkt, wenn die züngelnde Schlange oder der pechschwarze Hampelrabe von allen bewundert und gelobt wird. Basteln entwickelt die praktischen Fertigkeiten beim Kind und schult sein ästhetisches Empfingen.
Die Bastelarbeiten in diesem Buch sind innerhalb der einzelnen Kapitel nach dem Schwierigkeitsgrad gestaffelt: eine blaue Linie am unteren Seitenrand für die Drei- bis Vierjährigen, eine orange für die Vier- bis Fünfjährigen, eine rote für die Fünf- bis Sechsjährigen. Mitunter fertigt ein Vierjähriger ein Stück, welches einem Sechsjährigen große Schwierigkeiten macht. Bei den Bastelarbeiten für die Jüngsten müssen die Erwachsenen manchmal ein klein wenig mithelfen. Malen, falten und kleben können sie aber schon ganz allein.
In diesem Buch gibt es sowohl Bastelarbeiten zum Verschenken an liebe Freunde und nette Verwandte, zum Verschönern und Dekorieren des Kinderzimmers und der Kaffeetafel für große und kleine Feste als auch interessante Dinge zum Spielen, Witziges zum Verkleiden, originelle Instrumente zum Musizieren und lustige Figuren zum Theaterspielen.
Dieses große, bunte Bastelbuch wendet sich an Kinder zwischen drei und sechs Jahren, an Eltern und Erzieher. Wenn das Material erst einmal auf dem Tisch liegt, schließt sich kein Kind aus, alle greifen zu Papier und Schere, zu den Fingerfarben und in den Ton.

Inhalt

Maskeraden für den Kopf — 96

Spielsachen für drinnen und draußen — 108

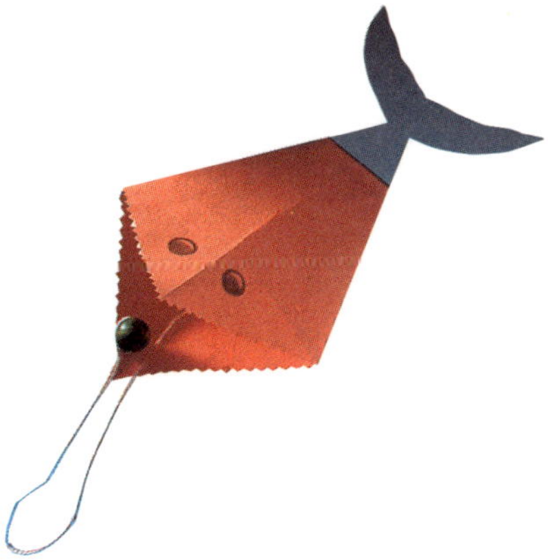

Basteleien für Ostern — 146

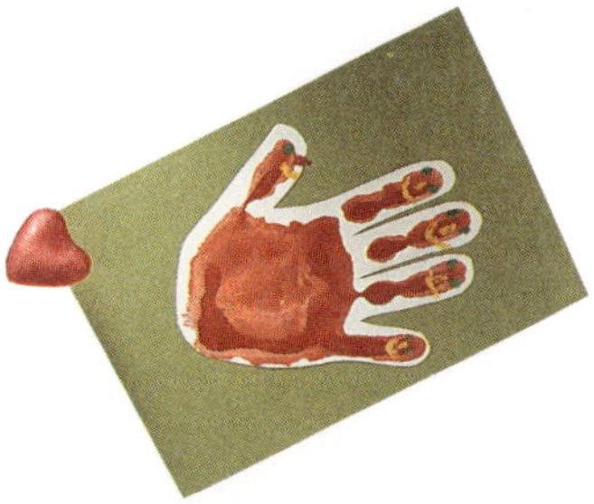

Sammlerstücke für daheim — 160

Basteleien für Weihnachten — 176

Abpausvorlagen — 188

Register — 192

Material

für kleine Bastler

Papiersorten

Das Ausgangsmaterial für viele Bastelarbeiten ist Papier und Pappe. Im Bastelgeschäft, Schreibwarenhandel sowie in den entsprechenden Abteilungen in den Kaufhäusern finden wir die unterschiedlichsten Arten zum Schneiden, Falten, Knicken und Bemalen.
Nachfolgend haben wir die in diesem Buch verwendeten Papiere, Pappen und Folien zusammengestellt und geben Hinweise auf die Eigenschaften und Bezugsquellen.

Buntpapier: glänzend, Rückseite gummiert, alle Farben, verschiedene Bogengrößen
■ Hinweis: läßt sich gut reißen und schneiden, im Bastelgeschäft oder Schreibwarenhandel erhältlich

Butterbrotpapier: ganz durchsichtig, dünn, gibt es als Bogen oder Rolle
■ Hinweis: kann zum Abpausen verwendet werden, im Lebensmittelhandel erhältlich

Drachenpapier: durchsichtig, alle Farben
■ Hinweis: kann durch Transparentpapier ersetzt werden, im Bastelgeschäft erhältlich

Faltpapier: dünnes Papier, alle Farben, rund, quadratisch, rechteckig, verschiedene Größen
■ Hinweis: kann durch Origamipapier ersetzt werden, im Bastelgeschäft erhältlich

Fotokarton: dünner, biegsamer Karton, alle Farben, Einzelbögen
■ Hinweis: im Bastelgeschäft oder im Schreibwarenhandel erhältlich

Geschenkpapier: Vorderseite ist bunt oder einfarbig, matt oder glänzend, Rückseite weiß, gibt es als Rollen oder als Bögen
■ Hinweis: im Schreibwarenhandel erhältlich

Glanzpapier: siehe Buntpapier

Goldfolie: metallisch glänzend, ein- oder beidseitig beschichtet; Farben: Gold, Silber, Rot, Blau, Grün; stabil, empfindlich gegen Knicke
■ Hinweis: in Rollen im Bastelgeschäft oder Schreibwarenhandel erhätlich

Karton: viele Farben
■ Hinweis: kann durch Pappe ersetzt werden, im Schreibwarenhandel erhältlich

Kohlepapier: zum Durchpausen von Vorlagen, kann mehrmals benutzt werden
■ Hinweis: im Schreibwarenhandel erhältlich

Kreppapier: alle Farben, als Rollen
■ Hinweis: färbt in Verbindung mit Wasser und Kleister, im Bastelgeschäft erhältlich

Metallfolie: siehe Goldfolie

Origamipapier: alle Farben, einseitig bunt
■ Hinweis: kann durch Faltpapier ersetzt werden, im Bastelgeschäft erhältlich

Pappe: grau, braun oder weiß, verschiedene Größen
■ Hinweis: kann durch Karton ersetzt werden, im Schreibwarenhandel erhältlich

Pauspapier: siehe Kohle- und Schneiderkopierpapier

Pergamentpapier: durchsichtig, dünn, stabil
■ Hinweis: kann auch durch Butterbrotpapier ersetzt werden, im Schreibwarenhandel erhältlich

Schneiderkopierpapier: ist zum Durchpausen von Vorlagen, Vorderseite glatt, Rückseite weiß gefärbt
■ Hinweis: im Handarbeitsgeschäft erhältlich

Schreibmaschinen- oder Kopierpapier: glatt, weiß, in verschiedenen Stärken
■ Hinweis: im Schreibwarenhandel erhältlich

Seidenpapier: genormte Bögen, alle Farben, leicht durchsichtig, läßt sich gut reißen und knüllen
■ Hinweis: im Bastelgeschäft erhältlich, färbt leicht ab in Verbindung mit Wasser und Klebstoff

Silberfolie: siehe Goldfolie

Tonpapier: stabiler, dünner, biegsamer Karton, alle Farben
■ Hinweis: im Bastelgeschäft erhältlich

Transparentpapier: durchscheinend und reißfest, alle Farben
■ Hinweis: im Bastelgeschäft erhältlich

Vivelle: Papier mit filzartigem Überzug, alle Farben
■ Hinweis: im Bastelgeschäft erhältlich

DIN-Normen:

DIN A3: doppelte Größe des Schreibmaschinenpapiers
DIN A4: 1 Bogen Schreibmaschinenpapier
DIN A5: 1/2 Bogen Schreibmaschinenpapier
DIN A6: 1/4 Bogen Schreibmaschinenpapier (Postkartengröße)

Material zum Kaufen

Neben den verschiedenen Papieren, Pappen und Folien brauchen wir zum Basteln noch eine Reihe anderer Dinge, die nicht immer zu Hause vorrätig sind. Wir bekommen sie im Bastelgeschäft oder in Heimwerkermärkten. Reste dieses Materials gehören in die Bastelkiste (siehe Seite 17). Nachfolgend haben wir die Materialien in alphabetischer Reihenfolge zusammengestellt.

Alleskleber: feuergefährlich, klebt sehr fest, erzeugt Flecken auf dünnem Papier
■ Hinweis: im Schreibwarenhandel erhältlich

Bastelkleber: läßt sich meist gut auswaschen, klebt gut
■ Hinweis: im Bastelgeschäft und Schreibwarenhandel erhältlich

Blumendraht (Draht): gut biegbar, verschiedene Stärken
■ Hinweis: im Blumen- und Bastelgeschäft sowie im Heimwerkermarkt erhältlich

Dübelstab: runder Holzstab, verschiedene Längen und verschiedene Durchmesser
■ Hinweis: im Heimwerkermarkt erhältlich

Filz: nichtfransender Stoff, in allen Farben
■ Hinweis: im Bastel- oder Stoffgeschäft erhältlich

Geschenkband: Kunststoffband, verschiedene Breiten und Farben
■ Hinweis: im Schreibwarenhandel erhältlich

Holzperlen: naturfarben oder in allen Farben lackiert, verschiedene Größen, in der Mitte mit einem Loch versehen
■ Hinweis: im Bastelgeschäft erhältlich

Hutgummi: kräftiges Gummi, viele Farben, gibt es als Rolle
■ Hinweis: im Handarbeits- oder Kurzwarengeschäft erhältlich

Kerzenhalter: aus Metall, für Laternen verwendbar
■ Hinweis: im Bastelgeschäft erhältlich

Klarlack: zum Sprühen, FCKW-frei
■ Hinweis: im Bastelgeschäft erhältlich

Klebeband: durchsichtig, matt oder glänzend, in verschiedenen Breiten
■ Hinweis: im Bastelgeschäft oder Schreibwarenhandel erhältlich

Knete: viele Farben, ungiftig, soll aber nicht in den Mund genommen werden, am besten auf einer Plastikunterlage bearbeiten
■ Hinweis: im Bastelgeschäft erhältlich

Modelliermasse: lufttrocknende Masse, wird mit feuchten Händen modelliert, kann nach dem Trocknen gut bemalt werden
■ Hinweis: im Bastelgeschäft erhältlich

Naturwolle: ungesponnene, ungereinigte, naturfarbene oder gefärbte Wolle
■ Hinweis: im Bastel- oder Handarbeitsgeschäft erhältlich

Ostergras: grünes Gras aus Papier oder Folie
■ Hinweis: im Bastelgeschäft oder Schreibwarenhandel erhältlich

Papiermüllsäcke: sehr große Säcke aus Papier
■ Hinweis: in der Drogerie und im Haushaltswarengeschäft, nicht überall erhältlich

Pfeifenputzer: biegsamer Draht mit Kunsthaaren, viele Farben, läßt sich mit der Schere durchtrennen
■ Hinweis: im Bastel- oder Tabakgeschäft erhältlich

Schaschlikspieß: 18 cm langer Holzspieß
■ Hinweis: im Bastelgeschäft oder Haushaltswarenhandel erhältlich

Selbstklebende Folie: durchsichtige Folie, Vorderseite glänzend, Rückseite klebend
■ Hinweis: im Bastelgeschäft oder Schreibwarenhandel erhältlich

Selbstklebende Sternchen: verschiedene Größen und Farben
■ Hinweis: im Schreibwarenhandel erhältlich

Sprühlack: siehe Klarlack

Strohhalme: aus hygienischen Gründen aus Plastik
■ Hinweis: im Bastelgeschäft oder Lebensmittelhandel erhältlich

Tapetenkleister: Pulver, welches nach der Gebrauchsanweisung mit Wasser angerührt wird, läßt sich auswaschen
■ Hinweis: im Bastelgeschäft oder im Heimwerkermarkt erhältlich

Ton: weiße, hell- oder dunkelbraune Masse, gibt es kiloweise, muß langsam trocknen, dann im Spezialofen (Töpferei, Bastelgeschäft) gebrannt werden, nach dem Glasieren ist ein weiterer Brand erforderlich
■ Hinweis: im Bastelgeschäft oder in der Töpferei erhältlich

Tonglasur: Pulver, nach Gebrauchsanweisung anrühren und auftragen (siehe Ton)
■ Hinweis: im Bastelgeschäft oder in der Töpferei erhältlich

Watte: aus Watte gepreßte Kugeln
■ Hinweis: im Bastelgeschäft erhältlich

Zahnstocher: kleine Holzspießchen
■ Hinweis: im Schreibwaren- oder Lebensmittelhandel erhältlich

Bunte Farbpalette

Bei unseren Bastelarbeiten spielen Farben eine große Rolle. Erst wenn wir unsere Arbeit bunt angemalt haben, bekommt sie den letzten Pfiff. Wir können die Farben mit den Fingern (Fingerfarben) oder mit dem Pinsel (Plakafarben, Wasser- oder Lackfarben) auftragen. Die Pinsel dürfen wir nie so aufbewahren, daß sie auf den Haaren stehen. Nach dem Gebrauch werden sie sorgfälltig mit Wasser ausgewaschen und in einem Glas oder einem ähnlichen Gefäß stehend (mit den Haaren nach oben) aufbewahrt. Nach der Verwendung von Lackfarben muß der Pinsel mit einem speziellen Reiniger gereinigt werden. Im Bastelgeschäft gibt es kippsichere Wasserbehälter mit einer Abdeckung und einem Loch für den Pinsel. Bei Malarbeiten ist es ratsam, die Arbeitsfläche mit alten Zeitungen abzudecken und einen Malkittel anzuziehen. Wir haben die in diesem Buch verwendeten Farben in alphabetischer Reihenfolge aufgelistet.

Buntstifte: mäßig deckend, gut zum Zeichnen
■ Hinweis: im Bastelgeschäft oder Schreibwarenhandel erhältlich

Filzstifte: zum Zeichnen, gut deckend, schwer aus der Kleidung zu entfernen, ungiftige Stifte ohne Lösungsmittel kaufen
■ Hinweis: im Schreibwarenhandel erhältlich

Fingerfarben: gut deckend, großflächig verwendbar, auswaschbar
■ Hinweis: im Bastelgeschäft erhältlich

Lackfarben: gut deckend, langsam trocknend, aus der Kleidung nicht zu entfernen
■ Hinweis: im Bastel- oder Malergeschäft erhältlich

Plakafarben: sehr gut deckend, aus der Kleidung nur schwer zu entfernen
■ Hinweis: im Bastelgeschäft oder Schreibwarenhandel erhältlich

Wachsmalstifte: Stifte mit leuchtenden Farben, unbedingt ungiftige Stifte verlangen
■ Hinweis: im Bastelgeschäft oder Schreibwarenhandel erhältlich

Wasserfarben: mäßig deckend, leicht verwischbar, aber gut auswaschbar
■ Hinweis: im Bastelgeschäft oder Schreibwarenhandel erhältlich

Hilfsmittel

Es gibt eine Reihe von Dingen, die wir bei fast jeder Bastelarbeit brauchen. Deshalb sollten wir sie immer im Haus haben. Im einzelnen sind das:

Schere
kleine Nagelschere
Lochzange
Locher
Nadel und Faden
kleines Messer
Papiermesser
alte Zeitungen
Malkittel oder alte Herrenhemden
weiche Bleistifte
Buntstifte
Anspitzer
Wasserfarben
Pinsel
Klarlack zum Sprühen (FCKW-frei)
Radiergummi
Lineal
Zirkel
Dreieck
Bastelkleber
Paus- oder Butterbrotpapier
Papp- oder Kartonreste

Wir haben für jede Bastelarbeit einen Materialzettel geschrieben. Am besten, man stellt sich vor Beginn der Arbeit alle Materialien zusammen.

Das Abpausen von Vorlagen

Nicht jeder ist ein großer Zeichenkünstler, und es kommt öfter vor, daß eine Bastelarbeit nicht so ausfällt, wie man sich das vorgestellt hat. Deshalb haben wir zu jeder Arbeit, die schwierig zu zeichnen ist, Abpausvorlagen wiedergegeben. Alle Abpausvorlagen entsprechen der Originalgröße. Große Zeichenkünstler können sich natürlich ihr eigenes Motiv herstellen.
Es gibt dabei grundsätzlich zwei Möglichkeiten, eine Vorlage abzupausen.

Abpausen mit Pauspapier

Schwarzes Pauspapier kaufen wir im Schreibwarenhandel. Dieses schwarze Pauspapier können wir öfter verwenden. Wir benutzen es für helle Papiere und Pappen.
Weißes Pauspapier, das sogenannte Schneiderkopierpapier, kaufen wir im Bastelgeschäft oder Handarbeitsladen. Mit diesem Papier arbeiten wir, wenn wir eine Vorlage auf einen dunklen Untergrund durchpausen wollen. Auch das Schneiderkopierpapier kann solange verwendet werden, bis die Beschichtung abgenutzt ist.
Die Arbeitsweise ist bei beiden Pauspapieren gleich.

1. Zuunterst legen wir das Papier oder die Pappe, auf die wir die Vorlage übertragen wollen. Darauf kommt das Pauspapier, und zwar mit der färbenden Schicht nach unten. Obendrauf legen wir die Vorlage, die wir abpausen wollen.

2. Damit sich beim Abpausen nichts verschiebt, halten wir dann die Blätter mit Büroklammern zusammen.

3. Jetzt können wir mit dem Bleistift die Linien unserer Vorlagen nachziehen. Dabei vergessen wir nicht die gestrichelten Linien oder die Markierungen für Löcher, Augen, Münder usw.

4. Bevor wir das Pauspapier entfernen, prüfen wir, ob wir auch keine Linie vergessen haben. Nun können wir das abgepauste Motiv ausschneiden.

Abpausen mit Pergamentpapier

Pergamentpapier ist ein festes, durchscheinendes Papier, das wir im Schreibwarenhandel kaufen können. Statt dessen können wir auch Butterbrotpapier benutzen. Wir bekommen es im Lebensmittelhandel in Bögen oder als Rolle. In Architekturbüros wird auch mit Pergamentpapier gearbeitet. Wir sollten dort nach Pergamentpapierresten fragen. Sie sind meist kostenlos erhältlich.

1. Wir legen das Pergamentpapier auf unsere Vorlage, die wir abpausen wollen, und ziehen mit einem weichen Bleistift alle Linien nach. Dabei müssen wir darauf achten, daß sich das Papier möglichst nicht verschiebt.

2. Bevor wir das Pergamentpapier von der Vorlage wegnehmen, kontrollieren wir, ob auch alle Linien übertragen worden sind. Danach erst nehmen wir das Papier ab.

3. Jetzt legen wir das Pergamentpapier mit der Bleistiftzeichnung auf unser Papier oder unsere Pappe. Die mit Bleistift gezogenen Konturen liegen dabei direkt auf dem Papier oder der Pappe.

4. Mit krätigem Druck ziehen wir die Linien, die nun seitenverkehrt liegen, alle nach. Der weiche Bleistift überträgt sich auf unsere Vorlage. Nachdem wir kontrolliert haben, ob alles übertragen wurde, entfernen wir das Pergamentpapier und schneiden unser Motiv sauber aus.

Salzteig, Pappmaché und Ton

Salzteig

Für einen gut formbaren Salzteig verwenden wir am besten einfache, preiswerte Mehlsorten. Für den Grundteig benötigen wir:
200 g (2 Tassen) Mehl
300 g (1 Tasse) Salz
etwa 125 cm^3 (3/4 Liter) Wasser
Diese Zutaten müssen in einer Schüssel gut und gründlich geknetet werden. Wenn der Teig geschmeidig ist und nicht mehr am Schüsselrand klebt, legen wir ihn bis zur Verarbeitung unter eine Schüssel.
Soll das fertige Stück nur getrocknet und nicht im Ofen gebacken werden, verwenden wir Tapetenkleister:
200 g Mehl
400 g Salz
125 cm^3 Kleister
Für den Tapetenkleister verrühren wir 250 cm^3 Wasser mit 1 Teelöffel Tapetenkleister, gut umrühren und 30 Minuten stehen lassen.
Wird der Salzteig nur mit Wasser angerührt, muß das Objekt im Backofen bei etwa 50 °C 30 bis 60 Minuten und länger gebacken werden. Bei einer Dicke von etwa 0,5 cm reichen 30 bis 40 Minuten aus. Ist das Objekt 2,5 cm dick, muß es bis zu sieben Stunden backen. Das fertige Stück wird bemalt und/oder mehrmals lackiert. Salzteig kann vor dem Formen mit Lebensmittelfarbe gefärbt werden.

Pappmaché

Pappmaché ist ein vielseitig verwendbarer Werkstoff. Wir füllen einen 5-Liter-Kochtopf bis zur Hälte mit Schnipseln von Zeitungspapier. Dann gießen wir Wasser bis zum Rand hinein und kochen das Ganze 15 Minuten. Danach rühren wir das Papier zu Brei und gießen alles durch ein Sieb. Diesen abgetropften Brei vermischen wir in einer Schüssel mit 4 Eßlöffeln Weißleim und 4 Eßlöffeln Tapetenkleister. Der Brei wird nun gründlich mit den Händen geknetet. Zum Schluß geben wir noch 10 Eßlöffel Sägemehl (aus der Schreinerei) dazu.
Unsere fertigen Objekte können wir bei 50 °C etwa acht Stunden trocknen. In der Sonne oder an der Heizung dauert es etwa zwei bis drei Tage.
Anschließend können wir mit dem Bemalen beginnen.

Ton

Ton bekommen wir in Weiß, Hell- oder Dunkelbraun. Machmal ist er so feucht, daß er an den Händen klebt. Wir nehmen deshalb ein Stück Ton und schlagen ihn kräftig auf ein altes Holzbrett, welches die Feuchtigkeit aufnimmt. Bei diesem Schlagen werden außerdem die Luftblasen aus der Tonmasse herausgedrückt. Luftblasen können beim späteren Brennen das Objekt platzen lassen.
Das fertige Stück wird auf dicken Lagen Zeitungspapier oder einem Holzbrett bei Raumtemperatur langsam getrocknet. Größere Stücke werden mit einem feuchten Tuch abgedeckt. Die getrockneten Stücke sind spröde und gehen leicht kaputt. Deshalb empfiehlt es sich, sie vorsichtig in dicke Tücher zu wickeln und in Kartons zum Brennen zu bringen.
Einmal gebrannte Tonwaren sind wasserdurchlässig. Werden die Objekte nach dem ersten Brand innen und außen bis auf den Boden glasiert, müssen sie nochmals gebrannt werden. Aber auch dann sind sie nicht immer wasserdicht.

Eine Bastelkiste muß her

Der finanzielle Aufwand für die meisten der in diesem Buch gezeigten Bastelvorschläge ist gering. Viele der benötigten Dinge finden wir im Haushalt. Dabei läßt sich manches, was bereits für den Müll bestimmt ist, noch verwenden. Folgende Sachen sollten wir in einer besonderen Bastelkiste (z.B. in einer Obstkiste) sammeln:

Knöpfe
Gardinen- und Bordürenreste
Wollreste
Fellreste
alte Glasscherben
ausgebrannte Glühbirnen
Gummiringe
Holzstücke und -bretter
Käseschachteln
leere Joghurtbecher
leere Konservendosen
Kronkorken
Sektkorken
Weinflaschenkorken
Kartons
Pappen
alte Zeitungen
Ansichtskarten
leere Streichholzschachteln
alte Zahnbürsten
leere Toilettenpapierrollen
Kerzen
Stoffreste
Tapetenreste
alte Strümpfe und Socken
Waschmittelbehälter
Pappteller und -deckel
Eierkartons
alte Teesiebe
Blumentöpfe
Musterklammern
Büroklammern
Geschenkpapiere und -bänder
bunte Papierreste
Bierdeckel

In diesem Buch haben wir auch Naturmaterialien benutzt. Wir können diese Dinge ebenfalls in die Bastelkiste geben; sie sollten allerdings luftdurchlässig aufbewahrt werden. Beim nächsten Spaziergang achten wir also auf:

dekorative Blätter
kleine Zweige
Baumpilze
Moose
getrocknete Gräser
Bucheckern
Eicheln
Kastanien
Hagebutten
Haselnüsse und ihre Spelzen
Baumrinde
Tannenzapfen
Federn
getrocknete Rosenblüten
Muscheln
Schneckenhäuser
hübsche Steine
Meersand

Zu den natürlichen Materialien zählen auch die verschiedenen Nüsse, Hülsenfrüchte und Gewürze wie:

Erdnüsse
Walnüsse und Walnußschalen
Sonnenblumenkerne
Kürbiskerne
Mohn
Sesam
Kokosnußschalen
Linsen
Bohnen
Erbsen
Mais
Gewürznelken
Sternanis
Zimtrinde
Pfefferkörner
Safranfäden
Wacholder
Piment

Karten

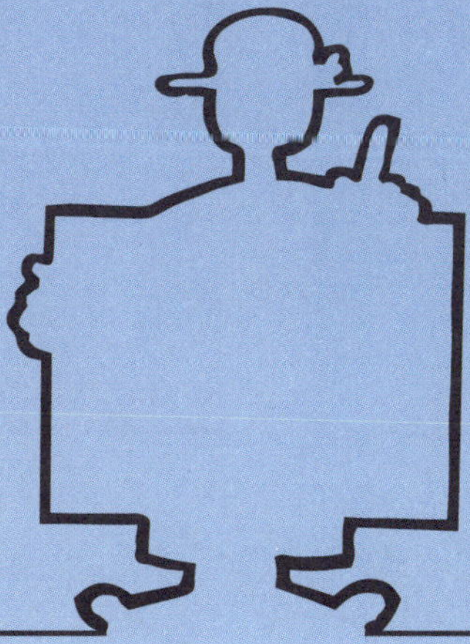

für jeden Anlaß

Lustige Puzzleeinladung

Wer freut sich nicht über einen bunten Brief, der plötzlich ins Haus flattert? Der Inhalt: eine Einladung zu einer Geburtstagsparty oder zu einem Sommerfest, zu einem Schneefest oder einem Bastelnachmittag. Aber wie aufregend, wenn der Inhalt des Briefumschlags größere und kleinere Papierschnipsel enthält, die man erst richtig zusammensetzen muß, damit man weiß, wann was gefeiert wird. So eine Puzzleeinladung macht schon beim Herstellen viel Spaß. Vielleicht kommt als Antwort ja auch ein Puzzle?

Material:

- *alte Prospekte und Zeitschriften*
- *Kinderzeichnungen (etwa 18 x 18 cm)*
- *Tonpapier (21 x 15 cm und für den Briefumschlag 20 x 20 cm)*
- *Lineal*
- *Schere*
- *Bastelkleber*
- *Filzstifte*
- *Bleistift*

1. Am einfachsten ist es, aus einer bereits fertigen Kinderzeichnung, aus einer Zeitschrift oder aus einem Pospekt ein 18 x 12 cm großes Rechteck auszuschneiden. Dieses Rechteck kleben wir auf das 21 x 15 cm große Tonpapier. Wer möchte, kann natürlich auch direkt auf das Tonpapier zeichnen: einen großen dicken Luftballon oder einen Mann, der einen großen Luftballon hält, oder eine Schneemannfamilie.

2. Den Einladungstext für das Fest können wir auf die Rückseite schreiben (lassen) oder direkt in die Eistüte, den Ballon oder in den Schneemannbauch.

3. Nun kann die Einladungskarte zerschnitten werden. Ist die Einladung für ein kleineres Kind, dann schneiden wir nur wenige große Teile aus. Ist die Einladung für ein älteres Kind, dann dürfen es gern einige Teile mehr sein.

4. Die Anleitung für einen Briefumschlag befindet sich auf Seite 29. Wir machen es für unser Puzzle aus gleichfarbigem Tonpapier. Einfacher ist es, einen gekauften Briefumschlag zu verwenden.

5. Nun noch die Anschrift, den Absender und eine Briefmarke auf den Umschlag, und ab geht die lustige Puzzlepost.

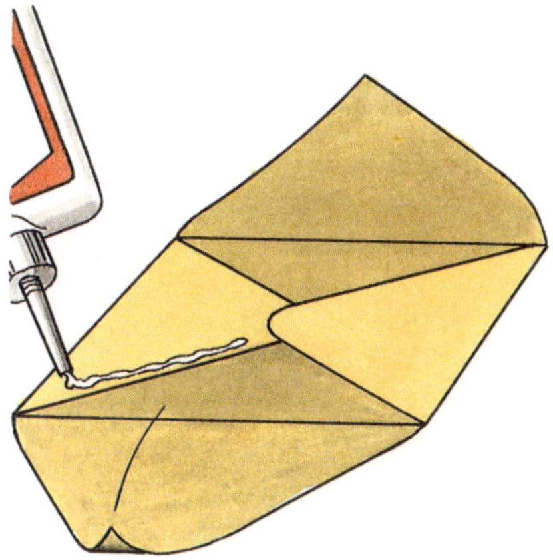

Der Frosch lädt ein zum Frühlingsfest

So ein grüner, grinsender Frosch eignet sich besonders gut für eine Einladungskarte zum Frühlingsfest: mit Musik und Tanz in den Mai.

Material:
- *grünes Tonpapier (28 x 11 cm)*
- *Pauspapier*
- *Bleistift*
- *Schere*
- *dunkler Filzstift*

1. Das Tonpapier wird zur Hälfte gefaltet, so daß wir eine aufklappbare Karte vor uns haben. Den Frosch übertragen wir mit Pauspapier und Bleistift auf das grüne Tonpapier. Für die größere Froschkarte muß die Abpausvorlage entsprechend vergrößert werden. Wir müssen darauf achten, daß die gestrichelte Linie links direkt am Knick liegt.

2. Nun schneiden wir die Froschkarte entlang der Linien doppelt aus. Aber Vorsicht, der Knick darf nicht durchgeschnitten werden, sonst fällt die Karte auseinander.

3. Mit einem Filzstift malen wir dem Frosch große, runde Augen, das grinsende Maul und die kleinen Füße.

4. Den Einladungstext können wir jetzt auf die Innenseite direkt auf das Tonpapier schreiben (lassen). Da freuen sich die singenden Frösche, und der Mai kann kommen.

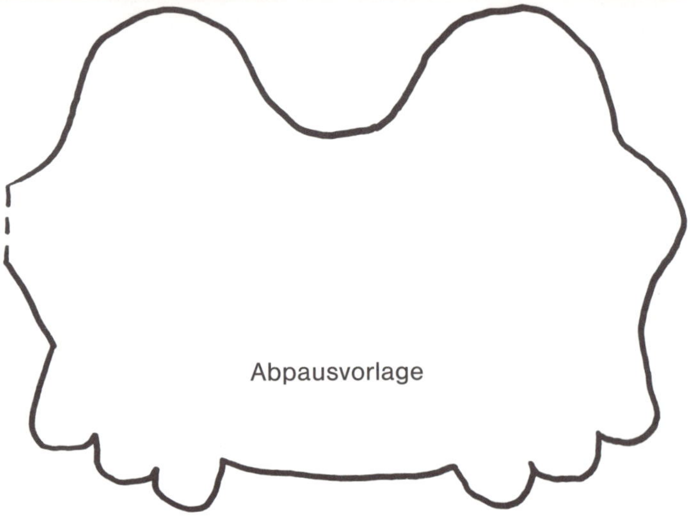

Handfeste Faschingseinladung

Hier macht das Herstellen der Einladungskarte zu einem Kinderfaschingsfest viel Spaß. Fünf fröhliche Fingerkinder winken ihre Freunde zum Feiern herbei.

Material:
- *weißes, rotes, gelbes und grünes Tonpapier (DIN A5)*
- *Plaka- oder Fingerfarben*
- *Pinsel*
- *Schere*
- *Bastelkleber*
- *Filzstifte*

1. Die Kinder bemalen sich mit der Farbe eine ihrer Handflächen und drücken diese anschließend fest auf weißes oder buntes Tonpapier.

2. Weißes oder helles Tonpapier kann direkt als Einladungskarte verwendet werden. Bunter sieht eine Einladungskarte aus, wenn der Handabdruck ausgeschnitten und auf andersfarbiges Tonpapier geklebt wird.

3. Jetzt wird jedem Finger mit Plakafarbe oder einem Filzstift ein fröhliches Gesicht aufgemalt.

4. Den Einladungstext (lassen) wir direkt in die Handflächen auf der Karte schreiben.

Korkdruck-Schneemann

Mit einem Flaschenkorken zu drucken ist so einfach wie Stempeln. Verschiedene Motive lassen sich mit der hier vorgestellten Technik herstellen. Wichtig sind einfache, klare Umrisse. Je nach Größe der Schneemannzeichnung eignet sich das Motiv entweder für ein Wandbild oder in unserem Fall für eine Einladung zum Schneemannbauen.

Material:

- *1 DIN-A6-Bogen dunkles Tonpapier*
- *Bleistift*
- *Wasserfarben*
- *Pinsel*
- *4 – 5 Korken von Weinflaschen*

Für ein Wandbild:

- *1 DIN-A4-Bogen dunkles Tonpapier*
- *1 DIN-A3-Bogen Tonpapier, farblich zum kleineren Bogen passend*
- *Bastelkleber*
- *Schere*

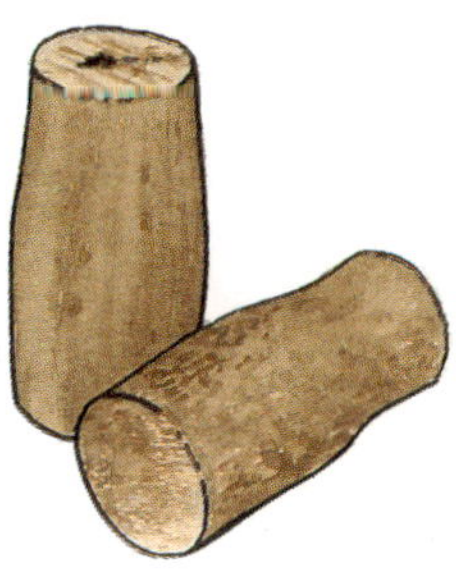

1. Zuerst zeichnen wir mit Bleistift einen dickbauchigen Schneemann mit Hut und Tannenzweig auf das Tonpapier. Wollen wir mit heller Farbe drucken, empfiehlt sich ein dunkles Tonpapier. Bei dunkler Druckfarbe wählen wir ein helles Tonpapier.

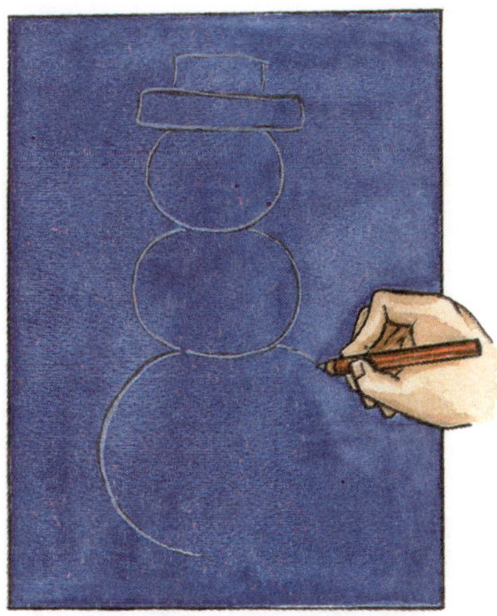

2. Den Pinsel feuchten wir leicht an. Dann tauchen wir ihn in Deckweiß oder Wasserfarbe. Damit betupfen wir die runde Seite des Korkens.

3. Jetzt drücken wir den bemalten Korken, sooft wir wollen, in den Bauch des Schneemanns. Je öfter wir den Korken mit Farbe bestreichen und auf ein und dieselbe Stelle drucken, desto intensiver erscheint die Farbe. Den Bleistiftrand beziehen wir mit ein, damit er später kaum erkennbar ist.

4. Wenn Kopf, Brust und Bauch weiß bedruckt sind, lassen wir die Farbe trocknen. Für jede Farbe brauchen wir einen neuen Korken. Hut und Nase werden mit roter Wasserfarbe gedruckt, der Zweig mit brauner und die Augen und Knöpfe mit schwarzer.

5. Die Einladung zum Schneemannbauen (lassen) wir auf die Rückseite schreiben.

6. Wer ein Korkdruck-Wandbild herstellen möchte, wählt ein größeres Motiv. Das fertige Bild kleben wir zum Schluß auf DIN-A3-Tonpapierbogen und beschneiden den Rand, so daß ein etwa 4 cm breiter Rand entsteht. Kleinere Kinder lassen sich dabei von Erwachsenen helfen.

Karte mit Marienkäfer

Mit einer so hübschen Karte kann man zur Geburtstagsfeier, aber auch zu jedem anderen Fest einladen oder sich für ein Geschenk, für Glück- oder Genesungswünsche bedanken. Der Marienkäfer wird gefaltet und auf ein farblich passendes Tonpapier geklebt.

Material:
- *1 rotes Faltpapier (12 x 12 cm)*
- *Bleistift*
- *Schere*
- *schwarzer Filzstift*
- *1 DIN-A5-Bogen Tonpapier, einmal geknickt*
- *Bastelkleber*

1. Das Tonpapier wird zuerst zweimal Seite auf Seite gefaltet. Dann öffnen wir den Bogen wieder zum Quadrat. Danach falten wir den Bogen nochmals Ecke auf Ecke, also diagonal. Und wieder öffnen wir den Bogen. Die gestrichelten Linien auf der Zeichnung zeigen die Knicke.

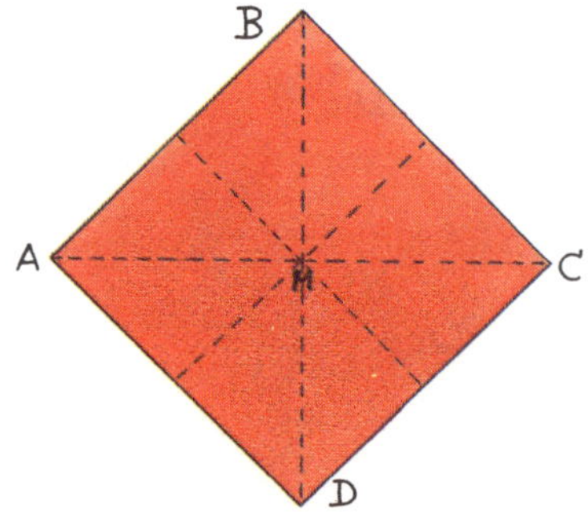

2. Jetzt wenden wir den Bogen und drücken mit dem Zeigefinger leicht auf den Mittelpunkt M, die Ecken A und C heben sich. Wir fassen diese beiden Ecken und legen sie auf Ecke D. Die Ecken A und C liegen jetzt nebeneinander. Die vierte Ecke (B) legt sich dann von selbst darüber.

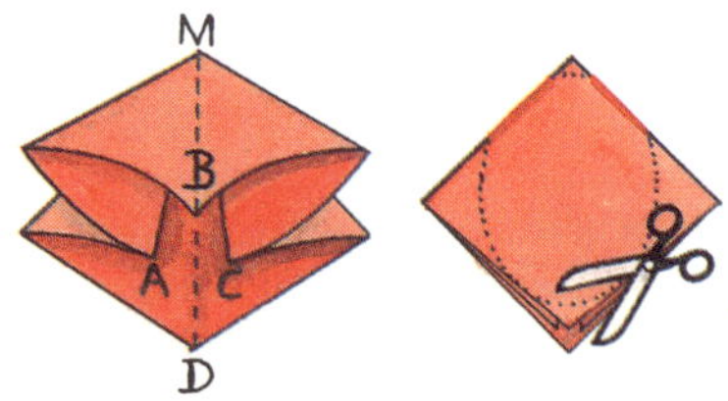

3. An der geschlossenen Spitze zeichnen wir eine Rundung. Achtung, das Papier muß an den beiden rot markierten Stellen zusammenhängen. Die offene Spitze wird auch abgerundet. Entlang dieser Linien schneiden wir den Körper des Käfers aus.

4. Mit schwarzem Filzstift malen wir nun den Kopf, zwei Augen und einen lachenden Mund sowie die Flügel auf. Die Flügelspitzen können leicht auseinandergehen. Die schwarzen Punkte malen wir mit einem dicken schwarzen Stift aus.

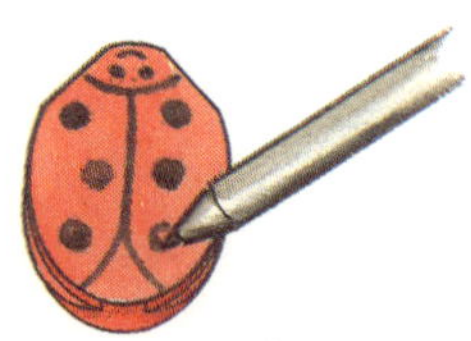

5. Zum Schluß kleben wir den Käfer mit der Unterseite auf eine farblich passende Karte und malen noch zwei Fühler auf.

Überraschungssäckchen

In diesem roten Säckchen können sich eine Gratulation, eine Einladung oder auch ein Herz oder Blumen für die Mutter zum Muttertag verbergen.

Material:

- *festes Papier, Fotokarton oder Karton (19 x 26 cm)*
- *Pauspapier*
- *Bleistift*
- *Schere*
- *Geschenkpapier, Prospekte, Kinderzeichnung*
- *dünner Filzstift*
- *Malstifte*
- *Bastelkleber*
- *Geschenkband*

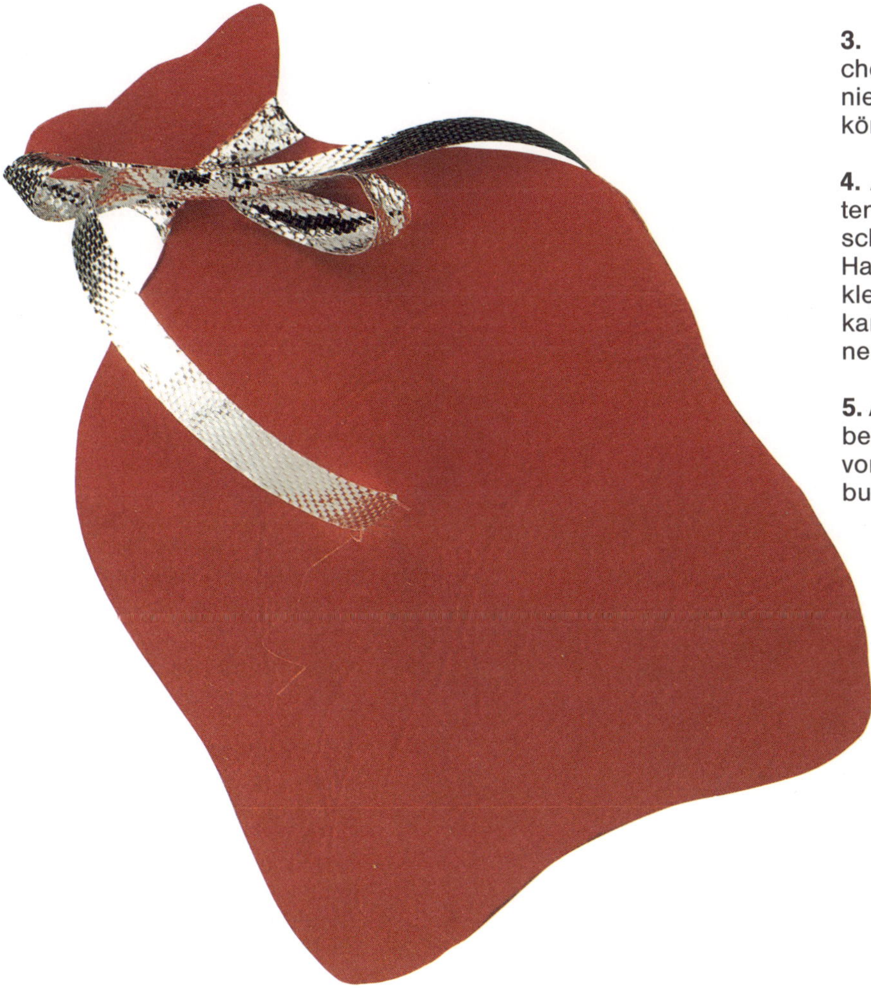

1. Zuerst falten wir den Fotokarton einmal zusammen, indem wir die beiden 19 cm breiten Seiten aufeinanderlegen. Den Knick streichen wir mit den Händen glatt.

2. Die Form des Säckchens kopieren wir mit Pauspapier und Bleistift auf unseren Karton (Abpausvorlage siehe Seite 190). Die auf der Vorlage gestrichelten Teile müssen genau auf dem Knick liegen.

3. Nun schneiden wir das Säckchen aus. An den gestrichelten Linien wird nicht geschnitten. Jetzt können wir die Karte aufklappen.

4. Aus Geschenkpapier, Prospekten oder einer Kinderzeichnung schneiden wir ein Motiv (Blume, Hampelmann, Herz usw.) aus und kleben es in die Karte. Natürlich kann auch mit Buntstiften das Innere der Karte bemalt werden.

5. Auf den Sack kann man schreiben (lassen): „Für die liebe Mutter von ..." Dann wird der Sack zugebunden.

Bunte Obstkarten

Diese dekorativen Karten laden ein zur Gartenparty, zum Bratapfelessen oder zur Birnenbowle.

Material:

- *Tonpapier (10 x 12 cm)*
- *Pauspapier*
- *Bleistift*
- *Zeitschrift*
- *dicke Nadel*
- *Tonpapier (10 x 24 cm)*
- *Bastelkleber*

1. Auf den kleineren Bogen Tonpapier (10 x 12 cm) pausen wir mit Pauspapier und Bleistift das gewünschte Motiv ab (Abpausvorlage siehe Seite 188 und 190).

2. Dann legen wir das Motiv auf eine Zeitschrift und stechen mit der Nadel dicht an dicht ein Loch neben dem anderen die Linie entlang.

3. Wenn wir den Umriß der Frucht genau gestichelt haben, drücken wir vorsichtig das Motiv heraus. Falls es sich an einer Stelle nicht lösen sollte, legen wir es zurück auf die Zeitschrift und sticheln noch einige Male nach.

4. Jetzt nehmen wir das größere Tonpapier und legen die schmalen Seiten aufeinander.

5. Das Tonpapier mit der ausgestichelten Frucht wird mit Klebstoff bestrichen und auf die Vorderseite der Karte geklebt. Auf die Rückseite kleben wir die ausgestichelte Frucht – oder umgekehrt. Den Einladungstext können wir auf die Innenseite schreiben (lassen).

Witzige Briefumschläge

Wenn wir schon unsere Einladungskarten selber herstellen, dann können wir natürlich auch die dazu passenden Briefumschläge selber machen. Dazu eignen sich ganz verschiedene Papiere.

Material:

- *Geschenkpapier, Packpapier oder Tonpapier*
- *Bleistift*
- *Lineal*
- *Schere*
- *Bastelkleber*

1. Auf die Rückseite des Papieres zeichnen wir ein 20 x 20 cm großes Quadrat und schneiden es aus.

2. Um die Mitte zu finden, falten wir zwei sich gegenüberliegende Seiten aufeinander und wieder auseinander. Jetzt werden die beiden anderen Seite aufeinandergelegt und wieder auseinandergelegt.

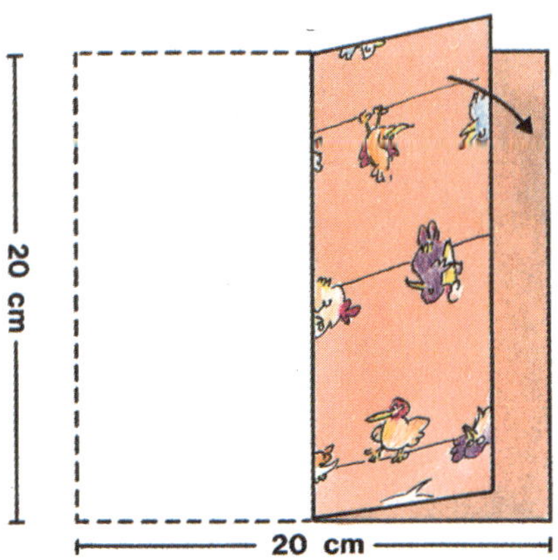

3. Wo sich die beiden Faltlinien kreuzen, ist die Mitte des Quadrates, auf die wir nun zwei sich gegenüberliegende Ecken falten.

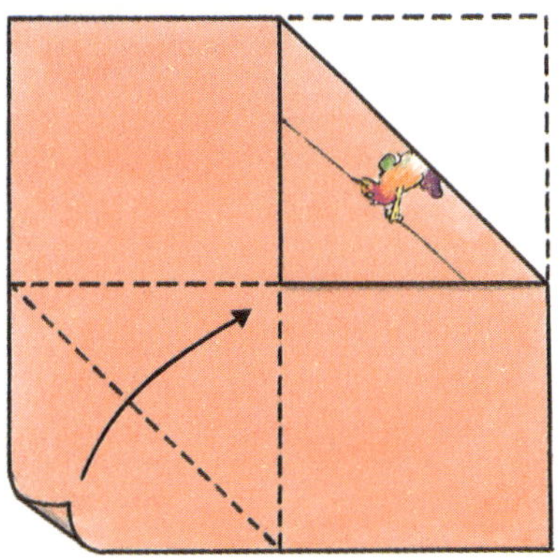

4. Die dritte Ecke falten wir so über die Mitte hinaus, daß wir sie gut an den vorgefalteten Ecken festkleben können.

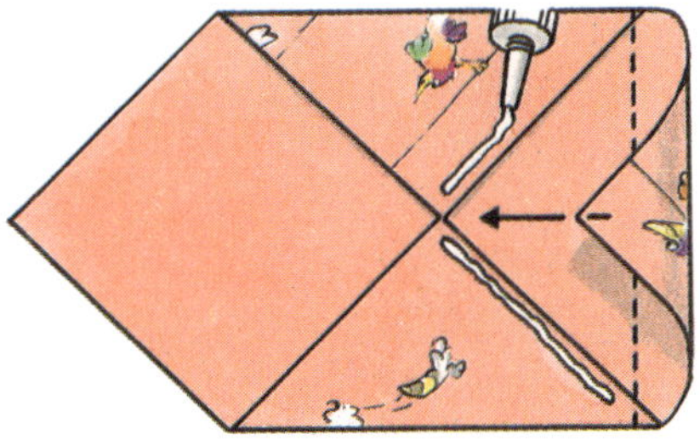

5. Mit der vierten Ecke schließen wir unseren Briefumschlag, wenn die Karte eingesteckt worden ist.

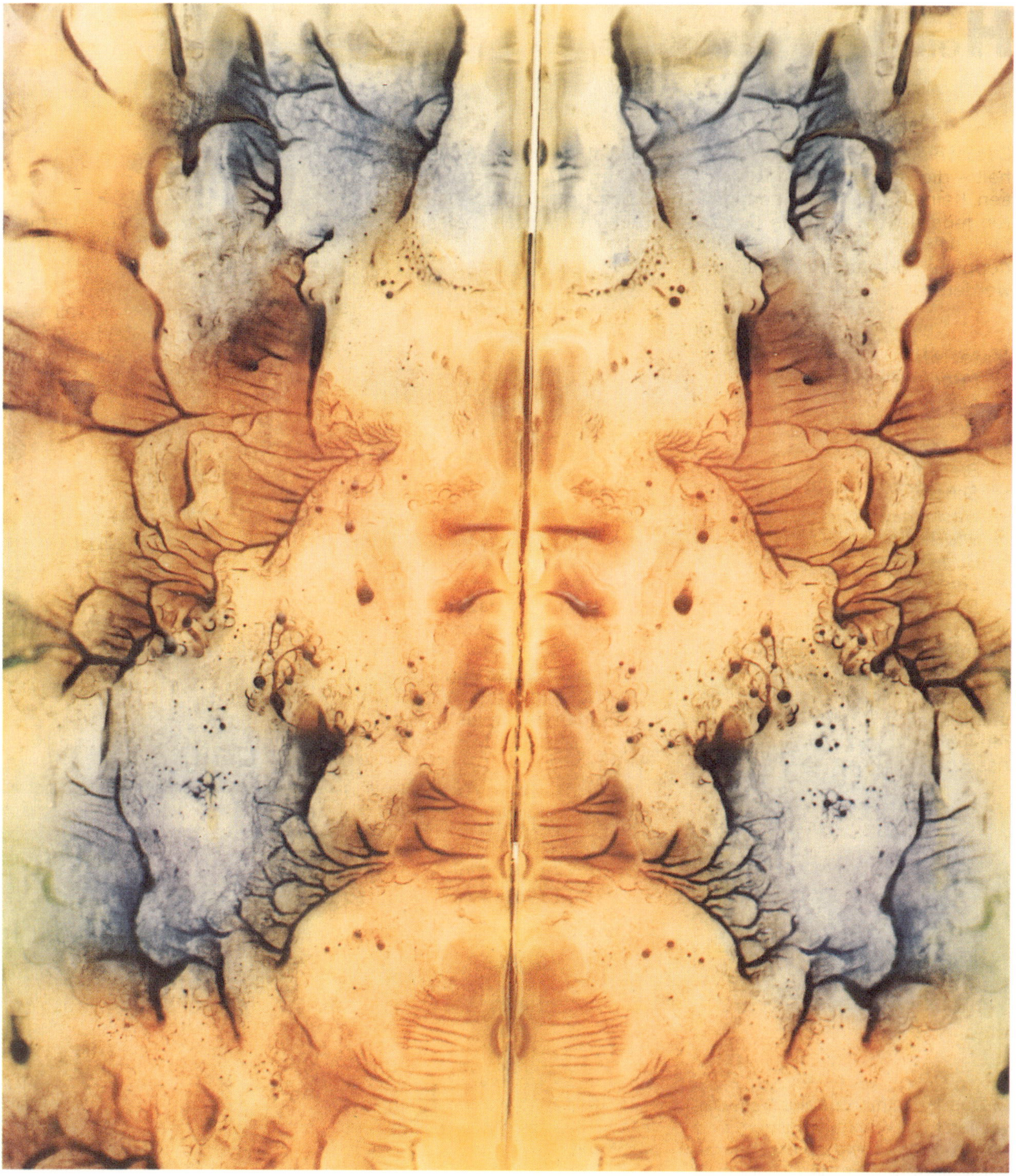

Karten

Heißes Bügelbild

Das ist eine ganz heiße Angelegenheit – die Karte mit dem Bügeleisen. Keine Karte gleicht der anderen, jede sieht anders aus. Es können sowohl einfache wie auch doppelte Briefkarten verwendet werden.

Material:

- *1 Bogen Pergamentpapier*
- *2 weiße Brief- oder Doppelkarten*
- *Bleistift*
- *Schere*
- *Wachsmalstifte*
- *alte Zeitungen*
- *Bügeleisen*
- *Lineal*
- *Bastelkleber*

1. Zuerst müssen die beiden Karten nebeneinandergelegt werden. Darüber kommt der Bogen Pergamentpapier. Mit dem Bleistift fahren wir ganz sacht die Kartenumrisse nach.

2. Das Pergamentpapier bemalen wir jetzt mit Wachsmalstiften. Das ganze Pergamentpapier soll mit verschiedenen Farben ausgemalt werden. Je stärker die Wachsschicht auf das Pergamentpapier aufgetragen wird, desto farbenprächtiger werden später dann die Karten.

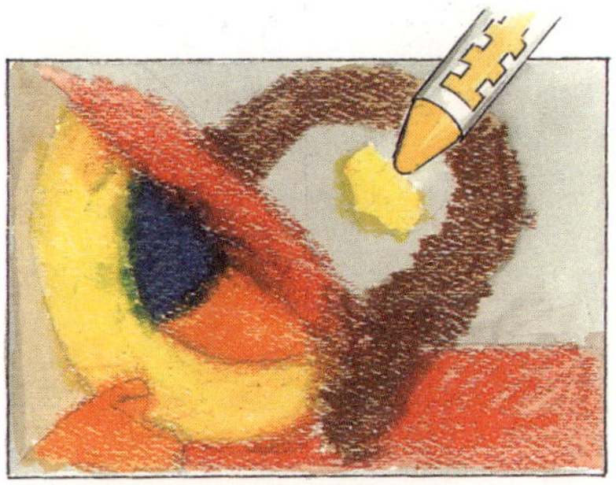

3. Das bemalte Papier wird jetzt längs in der Mitte zusammengefaltet, so daß die bemalten Stellen innen liegen. Das gefaltete Papier auf einen Stapel alte Zeitungen legen. Wir stellen das Bügeleisen auf „Baumwolle" ein und bügeln über das Pergamentpapier.

4. Durch die Hitze des Bügeleisens schmilzt das Wachs, und die Farben fließen ineinander. Solange das Wachs noch flüssig ist, ziehen wir das Papier langsam auseinander. Sind das nicht phantastische, bizarre Muster?

5. Das Pergamentpapier schneiden wir in der Mitte entlang des Knicks auseinander.

6. Mit Lineal und Bleistift zeichnen wir in das Bild ein Rechteck, welches um etwa 0,5 cm kleiner ist als die Briefkarte, und schneiden das Rechteck aus.

7. Danach kleben wir unser Wachsbild sorgfältig auf die Briefkarte. Weil unser Bild etwas kleiner ist, entsteht von selbst ein hübscher Rahmen. Den Text (lassen) wir auf die Rückseite oder in die Innenseite der Karte schreiben.

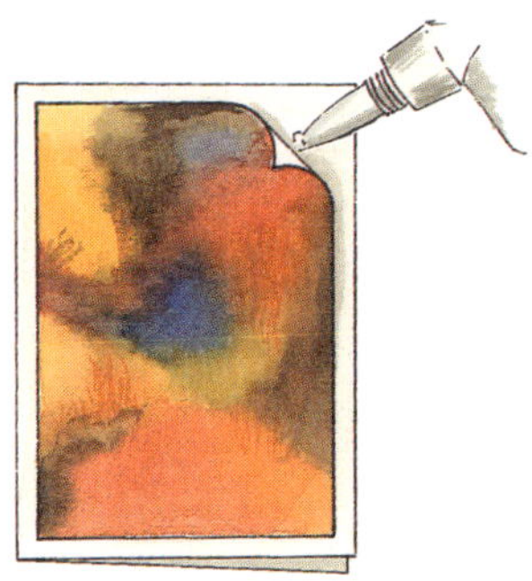

Einladung zum Würstchengrillen

Wem diese Einladung ins Haus flattert, der weiß sofort Bescheid: Es geht um die Wurst! Diese originelle Karte sieht nicht nur zum Anbeißen aus, es macht auch Spaß, sie zu basteln.

Material:
- ☞ *1 DIN-A4-Bogen hellbraunes Tonpapier*
- ☞ *1 DIN-A5-Bogen dunkelbraunes Tonpapier*
- ☞ *Pauspapier*
- ☞ *Bleistift*
- ☞ *Schere*
- ☞ *brauner Filzstift*
- ☞ *Bastelkleber*

1. Zuerst falten wir das hellbraune Tonpapier genau bis zur Hälfte zusammen.

2. Nun pausen wir den Kreis für das Brötchen so ab, daß er mit der gestrichelten Linie genau an der Faltkante liegt. Von der Faltkante her schneiden wir den Kreis aus. Dabei müssen wir darauf achten,

Abpausvorlagen

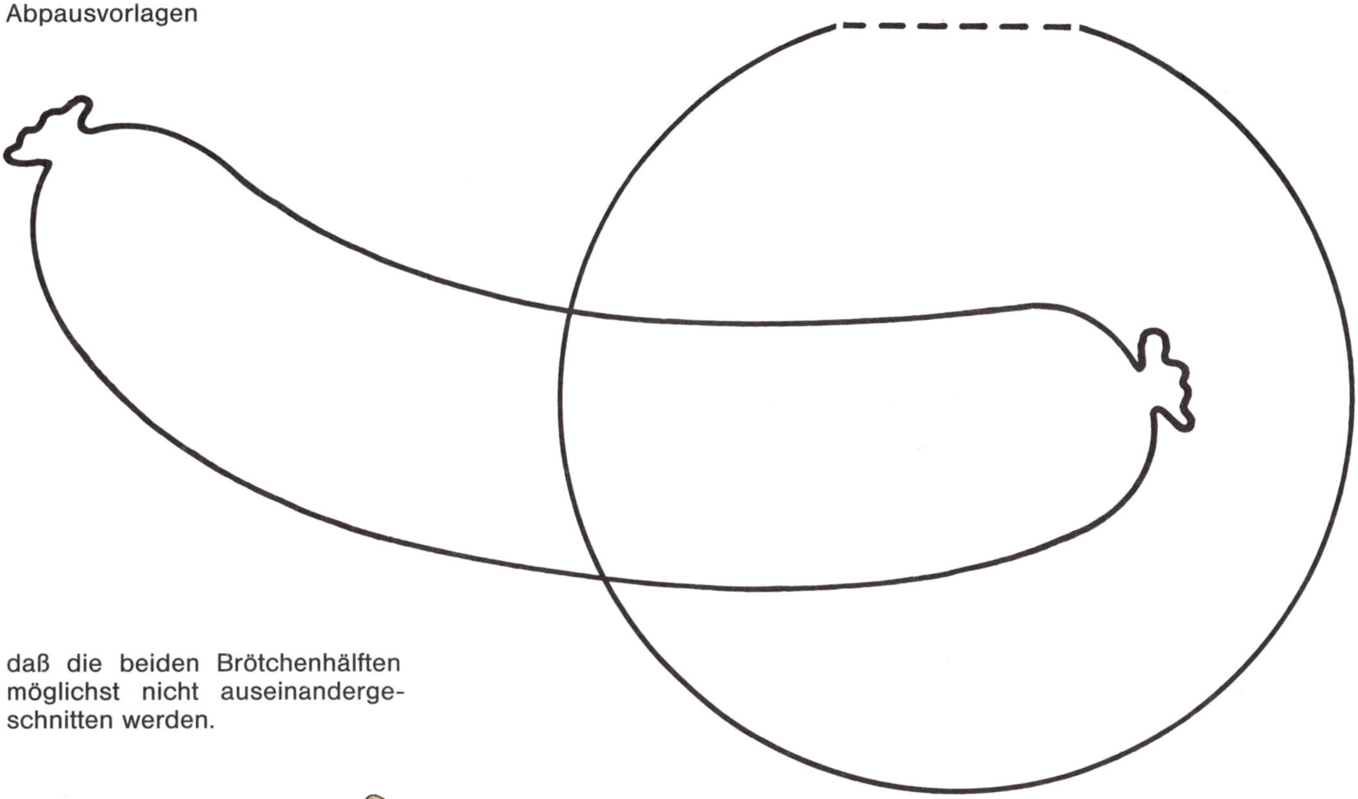

daß die beiden Brötchenhälften möglichst nicht auseinandergeschnitten werden.

3. Mit sicherer Hand bestimmen wir jetzt mit dem Filzstift die Mitte des Brötchens und malen von diesem Punkt aus vier bis fünf kurze Wellenlinien auf. Und schon ist das Brötchen fertig.

4. Auf das dunkle Tonpapier pausen wir mit Hilfe der obigen Abpausvorlage die Wurst ab und schneiden sie aus.

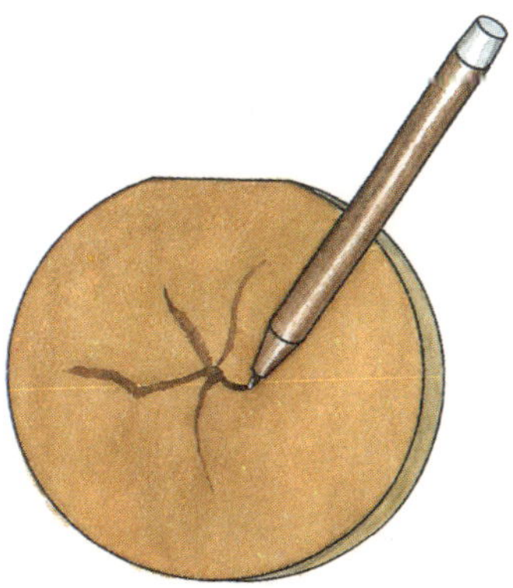

5. Jetzt klappen wir das Brötchen auf, legen die Wurst hinein und kleben sie fest. Den Einladungstext (lassen) wir am besten auf die Wurst schreiben.

Dekorationen

für das Kinderzimmer

Tierische Tischkarten

Eine einfache, aber effektvolle Bastelarbeit, an der auch die Kleinsten teilnehmen können. Der Tierkörper variiert leicht, Schwänze und Köpfe sind ganz einfach herzustellen.

Material:

- *2 dünne weiße oder farbige DIN-A4-Kartons*
- *Bleistift*
- *Schere*
- *Bastelkleber*
- *Wachsmalstifte oder Buntstifte*

1. Zuerst falten wir den dünnen Karton zusammen: die schmalen Seiten des Rechtecks werden aufeinandergelegt. Wenn wir jedoch ein langes Tier, wie eine Schlange oder einen Tausendfüßler, wählen, muß der Karton auf die Längsseiten gelegt werden.

2. Ein Erwachsener zeichnet den Tierkörper auf (Abpausvorlagen siehe Seite 188 und 189). Die Faltung befindet sich dabei immer am Rückgrat des Tieres.

3. Im gefalteten Zustand schneiden wir den Körper aus.

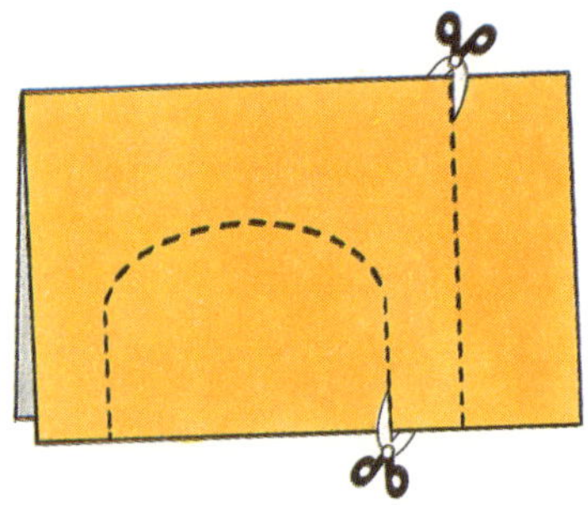

4. Auf den Papierrest und auf den zweiten Bogen werden der Tierkopf und ein Schwanz gezeichnet und dann ausgeschnitten. Der Schwanz muß am Ende etwas eingeschnitten werden, das sind die Haare.

5. Den Tierkopf kleben wir etwas schräg an die eine Seite, den Schwanz kleben wir zwischen die Hinterbeine.

6. Mit Wachsmalfarben oder Buntstiften malen wir das Tier lustig an. Für Tischkarten lassen wir in der Mitte des Tierkörpers etwas Platz für den Namen.

7. Statt der hier gezeigten Tiere können auch Phantasiegebilde als Tischkarten entstehen. Jeder Gast darf natürlich nach dem Fest sein Tier mit nach Hause nehmen.

Spaßschlangen aus Papier

Vor diesen bunten Papierschlangen braucht sich niemand am Tisch zu fürchten, sie essen weder Kuchen und Kekse, noch trinken sie Kakao oder Saft. Sie schlängeln sich nur um Teller und Tassen herum.

Material:
- *Tonpapier in verschiedenen Farben (DIN A4)*
- *Bleistift*
- *Papiermesser oder kleines Küchenmesser*
- *Schere*
- *Bastelkleber*
- *Filzstift*

1. Mit Bleistift zeichnen wir die Umrisse der stark gewundenen Schlange auf das Tonpapier. Der Schlangenkörper sollte 2 bis 3 cm breit sein. Der Kopf ist rund mit spitz zulaufendem Maul. Zu ihrem Schwanzende hin wird die Schlange dünner. Einige Vorschläge stehen auf dieser Seite.

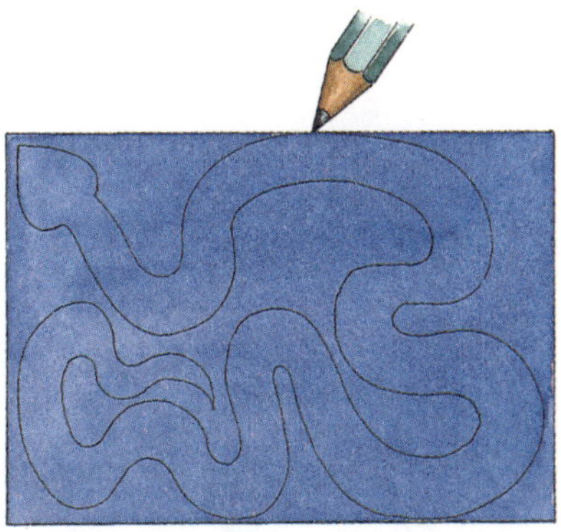

2. Der nächste Schritt: mit Bleistift zeichnen wir genau in die Mitte des Schlangenkörpers sozusagen das Rückgrat. Diese Linie fahren wir mit dem Papiermesser oder Küchenmesser exakt nach, aber nicht zu fest aufdrücken.

3. Nun können wir die Schlange entlang der gezeichneten Linien ausschneiden.

4. Aus Tonpapier in derselben oder in einer anderen Farbe schneiden wir noch eine gespaltene Zunge aus und kleben sie vorn unter den Kopf. Mit dem Filzstift malen wir zwei schmale Augen.

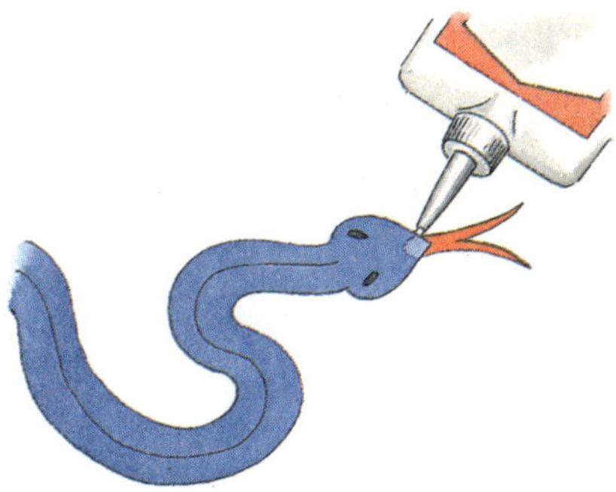

5. Entlang der eingeritzten Mittellinie (sie liegt oben) falzen wir den Körper der Länge nach zusammen. Die Schlange erhält so ein plastisches Aussehen und mehr Stabilität, so daß wir sie anschließend gut in Form bringen können. Je mehr Schlangen sich auf dem Tisch schlängeln und je bunter sie sind, desto mehr Spaß gibt's dann beim Essen.

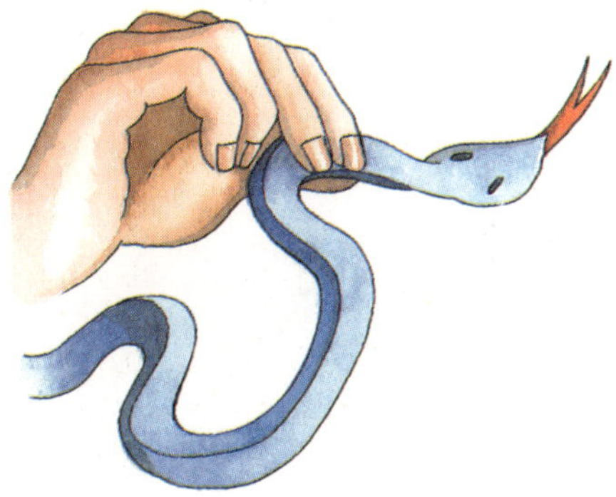

Unten sehen wir zwei Vorschläge, wie man die Schlangen zeichnen könnte. Natürlich bleibt es jedem selbst überlassen, wie die Schlangen letztendlich aussehen sollen.

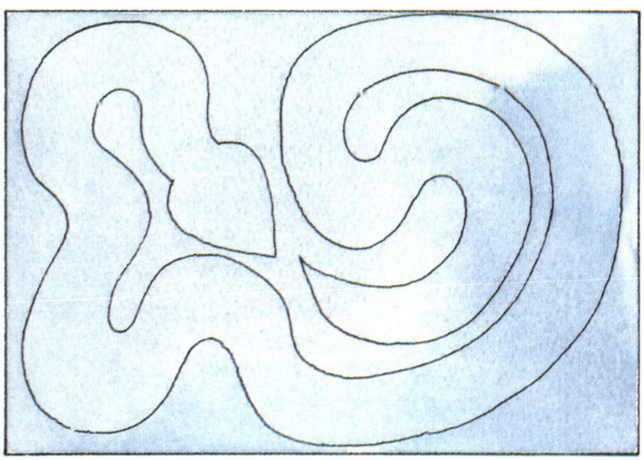

Tischkarte und Serviettentasche

Dieser fruchtige Tischschmuck erfüllt einen doppelten Zweck: Tischkarte und Serviettentasche.

Material:

- *rotes, grünes (oder gelbes) Tonpapier*
- *Pauspapier*
- *Bleistift*
- *Schere*
- *Bastelkleber*
- *Filzstift*
- *gelbe, grüne (oder braune) Papierservietten*

1. Mit Pauspapier und Bleistift übertragen wir den Apfel zweimal auf das Tonpapier. Danach schneiden wir die Äpfel aus.

2. Jetzt bestreichen wir den Rand eines Apfels dünn mit Klebstoff. Dabei lassen wir die Oberseite frei.

3. Den zweiten Apfel legen wir dekkungsgleich auf den ersten, drükken beide fest zusammen und lassen den Klebstoff trocknen.

4. Inzwischen können wir mit Filzstift den Namen des Gastes auf die Mitte des Apfels schreiben und mit einigen Strichen die Apfelblüte andeuten.

5. Den Apfelstiel falten wir aus einer Serviette. Dafür legen wir die quadratische Serviette über Eck zusammen. Danach falten wir von der breiten Seite her das Papier zur Spitze. Wir knicken die Serviette in der Mitte und stecken sie in den fertigen Apfel – schon sind Serviettentasche und Tischkarte fertig.

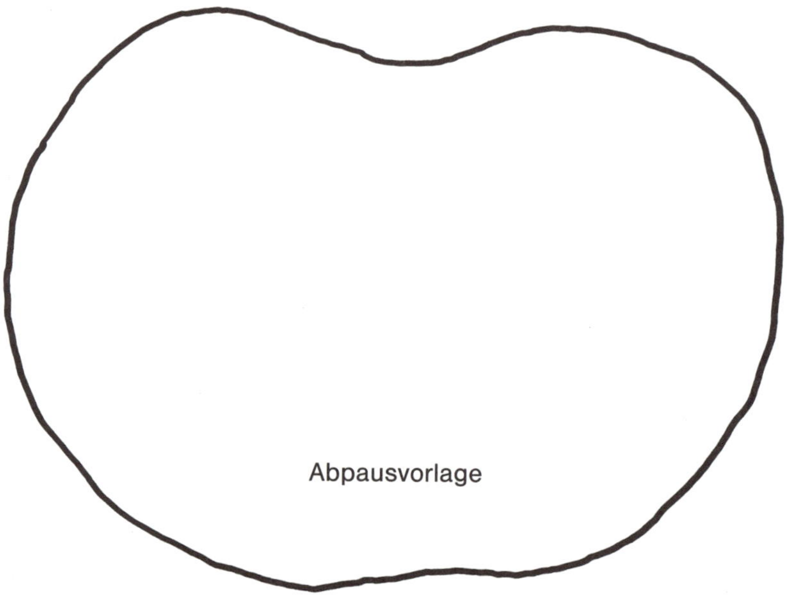

Bonbonblüten aus Kreppapier

Ohne großen Aufwand können die süßen Blüten gebastelt werden. Sie schmücken den Geburtstagstisch, oder sie werden als Preis für ein gewonnenes Spiel eingesetzt. Ein ganzer Strauß voller süßer Blüten ist auch ein feines Geschenk.

Material:
- *Kreppapierstreifen in Rot, Gelb, Lila (7 x 35 cm)*
- *3 eingewickelte Bonbons*
- *3 grüne Pfeifenputzer (16 cm lang)*
- *Rest grünes Papier*
- *Pauspapier*
- *Bleistift*
- *Schere*
- *Bastelkleber*

1. Jeder Kreppapierstreifen wird von der Längsseite her gerafft.

2. Sobald wir die Hälfte des Streifens gerafft haben, legen wir das Bonbon dazu, so daß das Einwickelpapier mit dem gerafften Kreppapier festgehalten wird.

3. Danach raffen wir den restlichen Streifen und ordnen Papier und Bonbon so, daß letzterer genau in der Mitte der Blüte ist. Die Enden des Streifens legen wir dann übereinander.

4. Jetzt halten wir die Blüte in der linken Hand – Linkshänder in der rechten Hand – und legen ein Ende des Pfeifenputzers um den gerafften Teil der Blüte.

5. Danach drehen wir das kurze Ende des Pfeifenputzers ganz fest um das lange Ende. Unsere Blüte besitzt nun auch einen Stiel.

6. Das Blatt für die Blume schneiden wir aus einem Rest grünen Papiers. Wer mag, kann das Blatt mit Pauspapier und Bleistift übertragen und dann ausschneiden.

7. Den Stiel des Blattes bestreichen wir mit Klebstoff und wickeln ihn um den Pfeifenputzer. Jetzt können die süßen Blüten einzeln oder gebündelt in Vasen oder Becher gestellt werden.

Abpausvorlage

Kleine Teufelsköpfchen

Diese kleinen, lustigen Köpfchen sind gar nicht so schwer herzustellen, wie es aussieht. Mit einigen Knicken entsteht aus einem Blatt Papier ein kugeliger Körper. Die kleinen Teufelsköpfchen eignen sich als Tischschmuck, beispielsweise für eine Faschingsfeier, oder, an Fäden aufgehängt, als Wandschmuck. Aus fünf bis sieben Teufelsköpfchen läßt sich leicht ein Mobile zaubern.

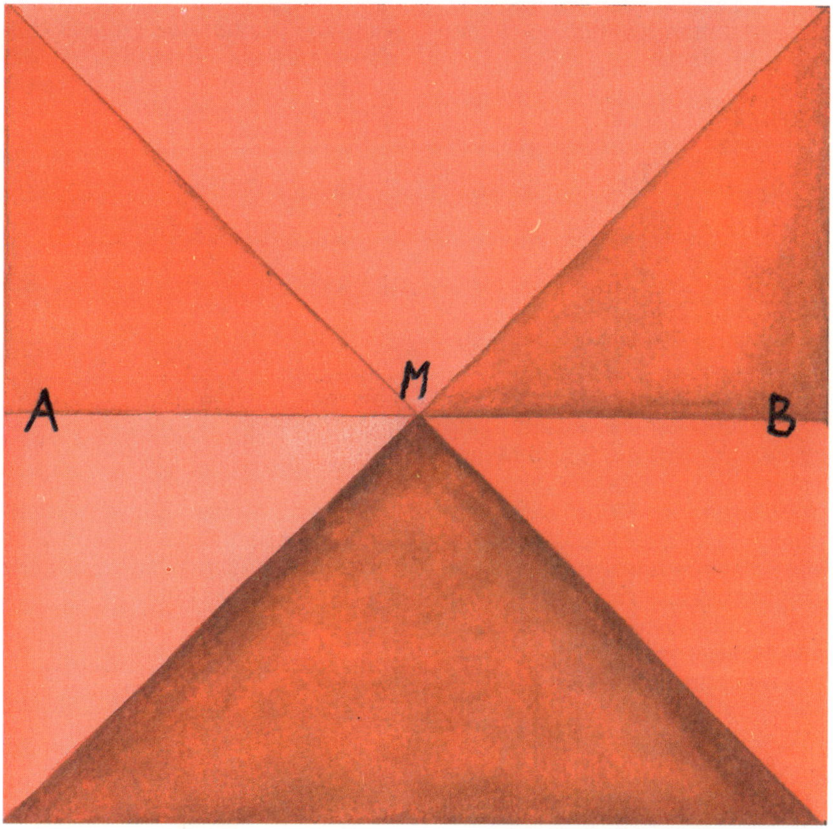

Material:

- *quadratisches Falt- oder Metallpapier in Schwarz und Rot (20 x 20 cm oder 30 x 30 cm)*
- *Schere*
- *Rest andersfarbiges Papier*
- *Bastelkleber*

1. Wir falten das quadratische Blatt Papier diagonal zu einem Dreieck zusammen. Wir öffnen die Form wieder und falten die anderen beiden Ecken ebenso genau aufeinander und klappen das Papier wieder auseinander.

2. Jetzt drehen wir das Blatt um, so daß sich der Mittelpunkt etwas vom Tisch hebt. Nun falten wir das Papier auf die gegenüberliegende Seite und klappen es wieder auseinander. Vor uns liegt jetzt der Bogen mit drei sich kreuzenden Faltlinien.

3. Wir drücken mit den beiden Mittelfingern auf die Punkte A und B und schieben sie leicht aufeinander zu: der Mittelpunkt M hebt sich. Wenn die Punkte A und B zusammenkommen, legen wir die Dreiecksform flach auf den Tisch und streichen das gefaltete Papier schön glatt.

4. Die beiden unteren Ecken des Dreiecks, das oben liegt, falten wir nacheinander bis an die gedachte Mittellinie nach oben, die Spitzen liegen auf Punkt M. Es ergibt sich ein kleines, auf der Spitze stehendes, geteiltes Quadrat.

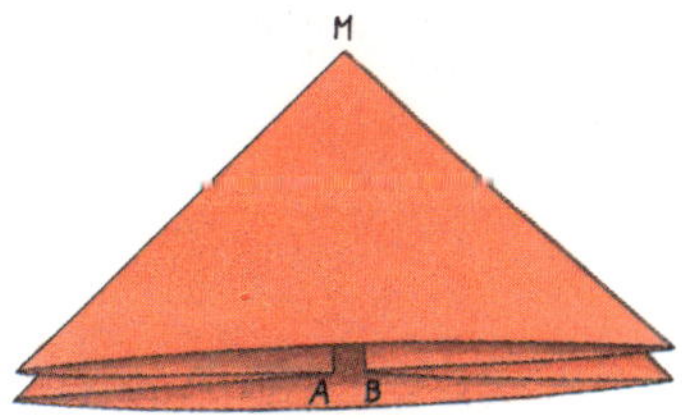

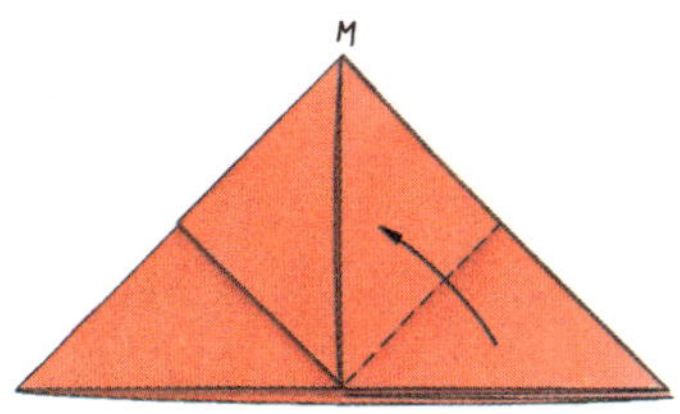

5. Die beiden seitlichen Flügel dieses Quadrates falten wir nacheinander zur Mittellinie. Die gestrichelte Linie in der Zeichnung zeigt den Verlauf der Faltung. Man erhält eine Art kleine Tüte. Wir streichen die Faltkanten gut nach und öffnen die Tüte wieder.

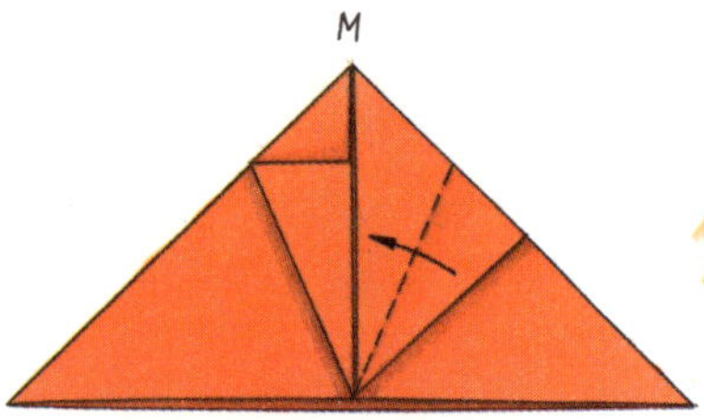

6. Jetzt drehen wir unsere Faltarbeit so um, daß die Spitze M nach unten zeigt, und falten die beiden oben liegenden Flügel wieder von unten bis an die Mittellinie, so daß wir eine neue Tüte erhalten. Die gestrichelte Linie zeigt wieder den Verlauf der Faltung. Nachdem wir alle Kanten mit dem Fingernagel gut nachgezogen haben, öffnen wir auch diese Tüte.

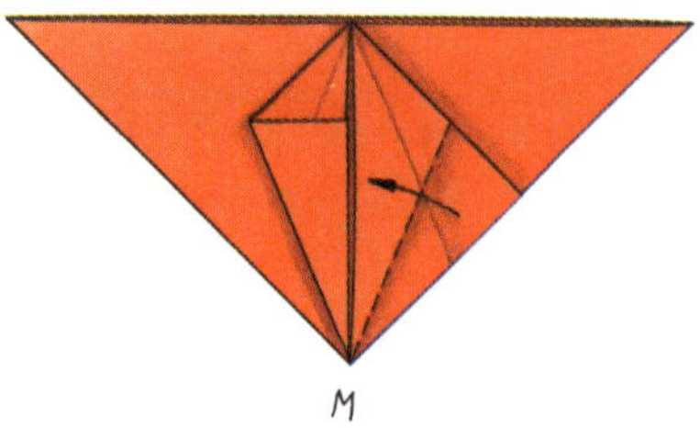

7. Den Zeigefinger der linken Hand legen wir jetzt auf die linke Flügelspitze des Quadrates, Daumen und Mittelfinger der gleichen Hand schieben sich darunter und drücken die Spitze von außen zusammen. Die Kanten des Flügels werden dann bis zur Mittellinie geklappt, so daß die kleine Spitze vom Papier hochsteht.

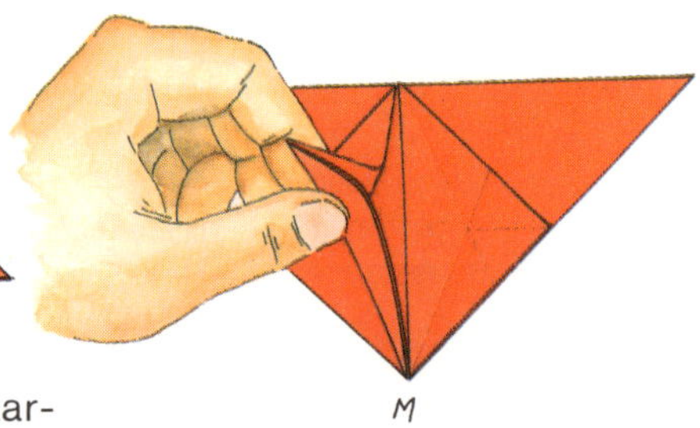

8. Mit dem rechten Flügel machen wir es ebenso. Stehen beide Spitzen hoch, knicken wir sie ganz flach nach oben um.

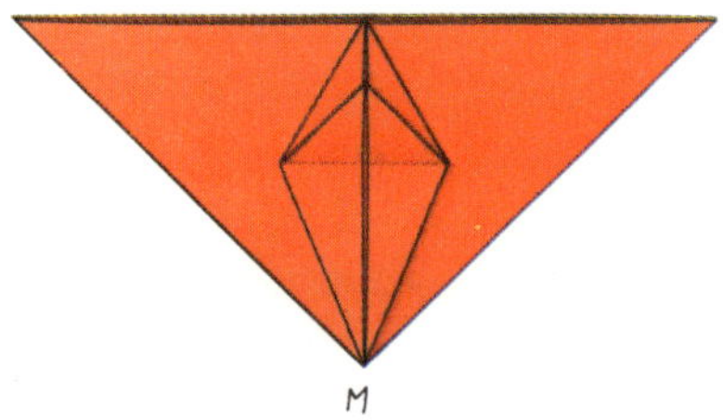

9. Nun wenden wir unsere Faltarbeit, so daß alle bisherigen Faltungen auf der Tischplatte liegen. Punkt M ist jetzt wieder oben. Die folgenden Arbeitsgänge sind fast genauso wie auf der anderen Seite.

10. Wir falten die unteren Ecken des Dreiecks nach oben auf Punkt M zu. Wieder erhalten wir ein kleines, auf der Spitze stehendes Quadrat, das in der Mitte geteilt ist.

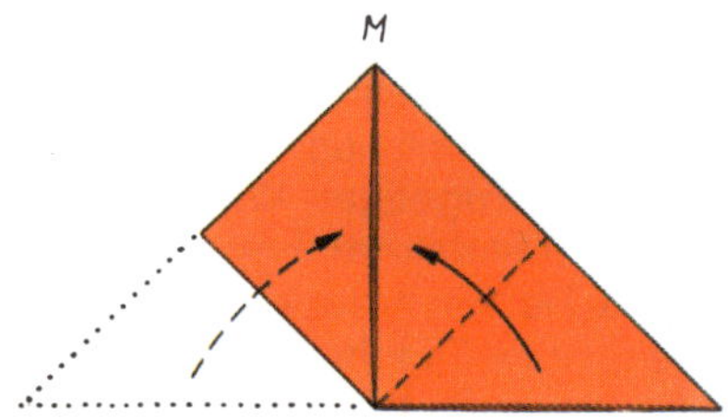

11. Danach nehmen wir die neu entstandenen Ecken, also die seitlichen Flügel des Quadrates, und legen sie an der Mittellinie an. Wieder haben wir eine kleine Tüte.

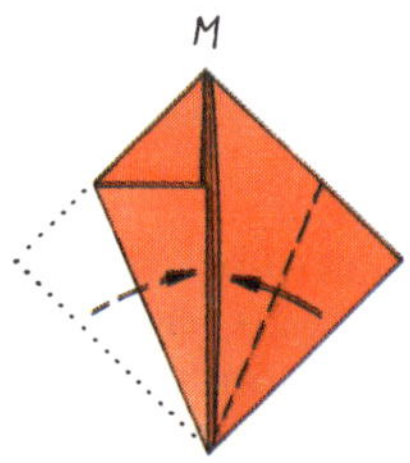

12. Nachdem wir die Faltkanten gut nachgezogen haben, öffnen wir die Tüte und drehen – nicht wenden – die Faltarbeit auf der Tischplatte so, daß die Spitze M nach unten zeigt.

13. Wir falten die Ecken jetzt wieder von unten an die Mittellinie heran, es entsteht auch hier eine nach oben offene Tüte. Wir streichen alle Faltungen gut nach und öffnen die Tüte.

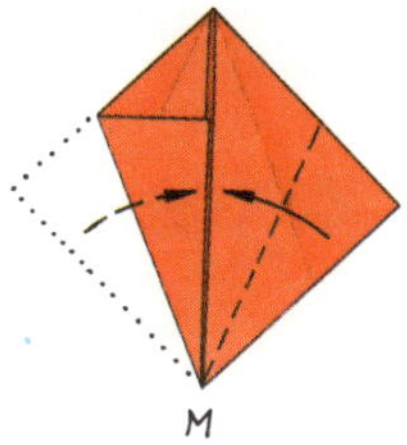

14. Wie bei Schritt 7. drücken wir die Spitze des linken Flügels bis an die sich überschneidenden Faltlinien zusammen und klappen die Flügelkanten bis an die Mittellinie. Die Flügelspitze steht senkrecht hoch. Genauso falten wir den rechten Flügel.

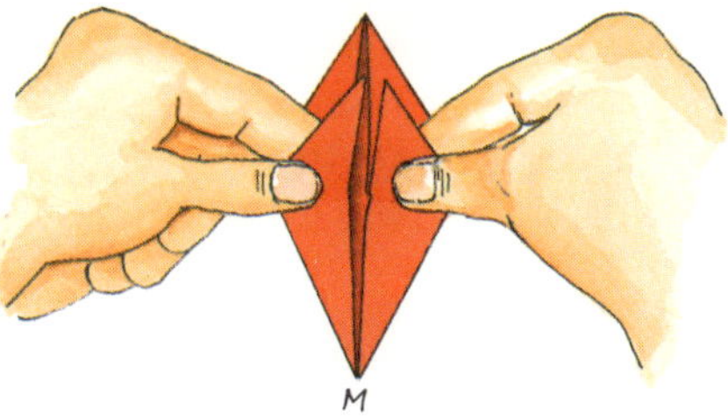

15. Wenn wir jetzt beide Flügel nach oben klappen, sieht unsere Faltung schließlich aus wie auf der Zeichnung. Wir schneiden jetzt mit der Schere ein kleines Stück von der obersten Spitze ab.

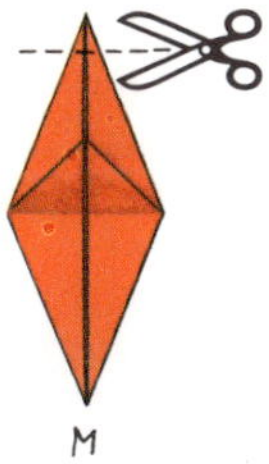

16. An den beiden zuletzt hochgestellten Flügelspitzen halten wir fest und blasen sehr kräftig an der Schnittstelle in unsere Faltarbeit hinein. Das Papier bläht sich kugelig auf, die langen, spitzen Hörner springen oben heraus.

17. Nun drehen wir das Teufelsköpfchen herum, das Loch ist jetzt an seinem Hinterkopf. Vorne sehen wir genau den Punkt M, das ist die Nasenspitze des Teufelchens. Darunter klappen wir die zwei schmalen Spitzen als gespaltene Zunge heraus.

18. Aus dem andersfarbigen Papier schneiden wir jetzt noch zwei schmale Teufelsaugen und kleben sie rechts und links neben der Nasenspitze fest.

Die Tintenfische sind los

Da ist ja richtig etwas los, auf der geburtstäglichen Kaffeetafel: Überall haben die lustigen Tiere ihre langen Arme im Spiel.

Material:

- *Wattekugeln (Durchmesser ca. 40 mm für den großen Tintenfisch und 25 mm für den kleinen Tintenfisch)*
- *Bleistift*
- *Zahnstocher*
- *alte Zeitungen*
- *Malkittel*
- *Wasserfarben*
- *Pinsel*
- *Lack*
- *Pfeifenputzer*
- *Schere*
- *pro Tintenfisch 6 kleine Holzperlen (Durchmesser 10 mm für den großen und 3 mm für den kleinen Tintenfisch)*
- *Bastelkleber*
- *Filzreste*

1. Bevor wir die Tintenfischköpfe, also die Wattekugeln, anmalen, müssen wir das Loch etwas vergrößern. Dazu verwenden wir am besten einen Bleistift, mit dem wir in dem Loch „herumrühren".

2. Jetzt decken wir unseren Arbeitsplatz dick mit Zeitungspapier ab und ziehen unseren alten Malkittel an.

3. Die Wattekugeln stecken wir auf Zahnstocher und malen sie passend zu den Pfeifenputzern mit bunten Farben an. Erst wenn sie ganz getrocknet sind, können wir sie lackieren.

4. Jetzt schneiden wir für jeden Tintenfisch sechs Arme aus den Pfeifenputzern zu: sechsmal einen Arm mit 13 cm Länge für einen großen Tintenfisch oder sechsmal einen Arm mit 8 cm Länge für einen kleineren Tintenfisch. Dann drehen wir je sechs Arme oben zu einer Spitze zusammen.

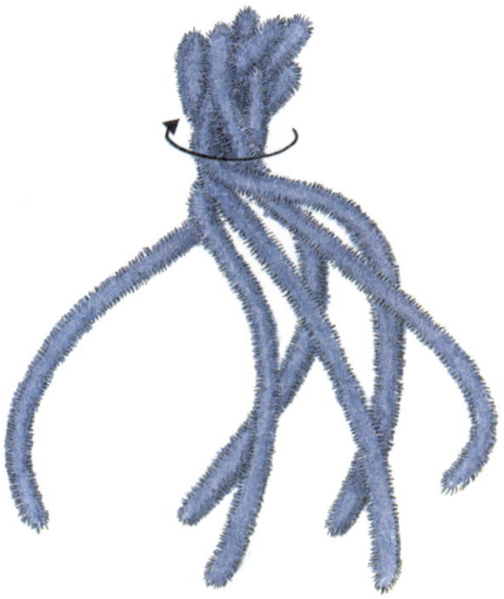

5. Auf diese Spitze kleben wir die angemalte und lackierte Wattekugel fest.

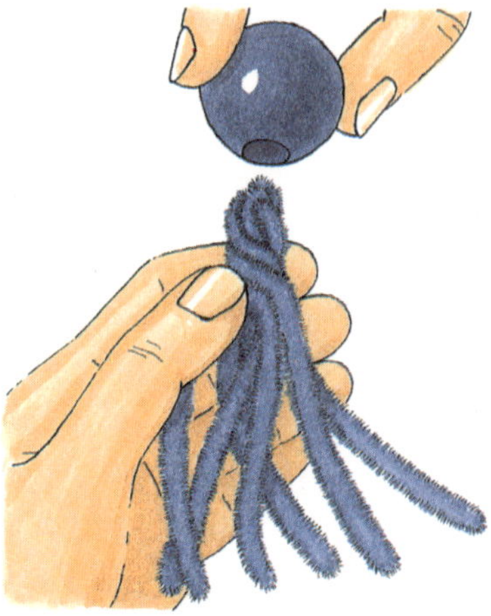

6. Jedes Ende eines Armes erhält eine Holzperle, die wir ankleben.

7. Zum Schluß schneiden wir aus Filzresten die runden Augen, die spitze Nase und den lachenden Mund aus. Diese vier Teile kleben wir auf den Tintenfischkopf.

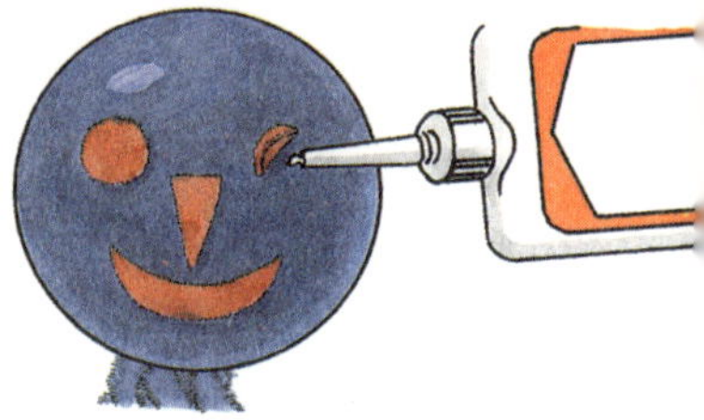

8. Nun biegen wir die Arme des Tintenfisches so, wie es uns gefällt.

Süßes Kekshaus

Ein süßes Kekshaus mit seinem bunten Bewohner – einem Gummibärchen – eignet sich sowohl als Tischschmuck als auch als kleines Geschenk. Es ist einfach herzustellen und schmückt auch eine vorweihnachtliche Kaffeetafel.

Material:

- *Saft von ½ Zitrone*
- *Puderzucker*
- *kleines Sieb*
- *Pinsel*
- *3 Butterkekse*
- *1 Dominostein oder 1 Praline*
- *1 Gummibärchen*
- *Küchenmesser*
- *Lineal*

1. Bevor wir mit dem Hausbau beginnen, stellen wir den Zuckerguß her. Dazu verrühren wir den Saft einer halben Zitrone mit gesiebtem Puderzucker. Der Guß muß dickflüssig sein.

2. Jetzt träufeln wir etwas Zuckerguß auf die Mitte eines Butterkekses und setzen den Dominostein oder die Praline darauf. Durch den Guß klebt es fest.

3. Mit einem Küchenmesser und einem Lineal halbieren wir den anderen Butterkeks genau in der Mitte. Mit dem Zuckerguß kleben wir das Dach an den Dominostein fest.

4. Ein winziges Stück Keks wird sodann mit Zuckerguß als Schornstein auf dem Dach festgeklebt. Das Gummibärchen setzen wir vor den Eingang.

5. Wenn es weihnachtlich aussehen soll, stäuben wir zum Schluß noch etwas Puderzucker über unser Kekshaus – fertig.

Kekskerze

Für eine Geburtstagsfeier unerläßlich – eine Kerze. Und warum nicht einmal eine Kerze zum Essen?

Material:
- *1 runder Doppelkeks*
- *1 Rollkeks*
- *1 geschälte Mandel*
- *verschiedene Süßigkeiten*
- *Schokoladenglasur*
- *Backpinsel*

1. Zunächst brauchen wir etwas Schokoladenglasur, die häufig beim Kuchenbacken übrigbleibt. Wir können aber auch nur einen Teil einer Schokoladenglasur im Wasserbad erhitzen. Anstelle der Schokolade eignet sich auch eine Zitronenglasur. Dazu rühren wir etwas Zitronensaft in 3 Eßlöffel Puderzucker, aber nicht mit zu viel Flüssigkeit. Denn die Glasur muß ziemlich dickflüssig sein, sonst hält das Ganze nicht.

2. Mit dem Pinsel klecksen wir nun ein bißchen von der Glasur in die Mitte des Kekses. Darauf stellen wir einen Rollkeks, den wir solange festhalten, bis die Glasur festgo worden ist und der Keks von alleine hält.

3. Auch die geschälte Mandel tunken wir etwas in die Glasur und „kleben" sie so auf den Rollkeks.

4. Den „Kerzenständer" verzieren wir noch mit einigen Süßigkeiten, die wir auch wieder mit Hilfe der Glasur „festkleben".

5. Für eine winterliche Variante streuen wir etwas Puderzucker über die Kekse.

Herbstbaum

1. Aus dem braunen Buntpapier reißen wir verschieden lange und breite Streifen ab. Diese kleben wir als Baum auf die Pappe.

2. Aus dem bunten Kreppapier reißen wir größere Stücke ab und knüllen sie zu Kügelchen. Da ein Herbstbaum grüne, rote, gelbe und orangefarbene Blätter hat, verwenden wir ebensolches Kreppapier.

3. Die bunten Kreppkügelchen kleben wir nun einzeln an die Äste unseres Baums. Ein paar Blätter schweben noch in der Luft, andere liegen bereits am Boden.

4. Das Herbstbild kommt besonders schön zur Geltung, wenn wir es mit einem farblich passenden Rahmen umgeben. Mit Reißnägeln oder Klebstreifen können wir unser Kunstwerk an einer Wand befestigen (lassen).

So einen Baum mit buntem Herbstlaub kann schon das kleine Kind basteln. Wenn ein Erwachsener den fertigen Herbstbaum dann noch mit einem Papprahmen versieht, ziert schon bald ein hübsches eigenes Bild die Wand des Kinderzimmers.

Material

- *Pappe (DIN A5)*
- *braunes Buntpapier*
- *Kreppapierreste in Rot, Grün, Gelb und Orange*
- *Bastelkleber*
- *eventuell Pappreste für den Rahmen*

Postkarten-Eisenbahn

Es ist ein schöner Brauch, seinen Lieben aus dem Urlaub bunte Ansichtskarten zu schicken. Wenn wir alle Karten sammeln, fährt bald eine lange Eisenbahn die Kinderzimmerwände entlang.

Material:
- ☞ *mehere Ansichtskarten*
- ☞ *Tonpapiereste*
- ☞ *Cremedöschen oder Bleistiftanspitzer (ca. 4 cm Durchmesser)*
- ☞ *Bleistift*
- ☞ *Schere*
- ☞ *Bastelkleber*
- ☞ *durchsichtige Klebestreifen*

1. Für jeden Eisenbahnwagen brauchen wir zwei Räder. Als Schablone verwenden wir einen runden Gegenstand von etwa 4 cm Durchmesser (Cremedöschen, Bleistiftanspitzer oder ähnliches). Wir legen diesen runden Gegenstand auf das Tonpapier, zeichnen die Umrisse mit Bleistift auf und schneiden die Ränder aus.

2. Danach kleben wir immer zwei Räder auf die Rückseite einer Postkarte, und zwar immer so, daß gut die Hälfte der Räder herausschaut. Dabei müssen wir darauf achten, daß die Räder an der richtigen Stelle sind; die Landschaft soll ja nicht auf dem Kopf stehen.

3. Die Lokomotive können wir aus einer hochformatigen und einer querformatigen Postkarte zusammenkleben.

4. Mit Klebestreifen halten wir die Waggons zusammen.

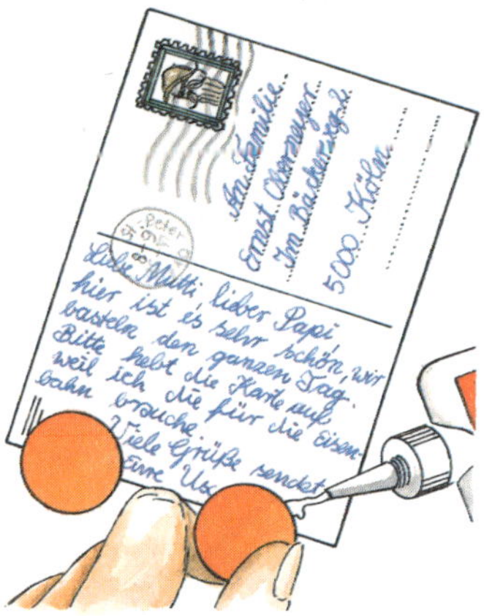

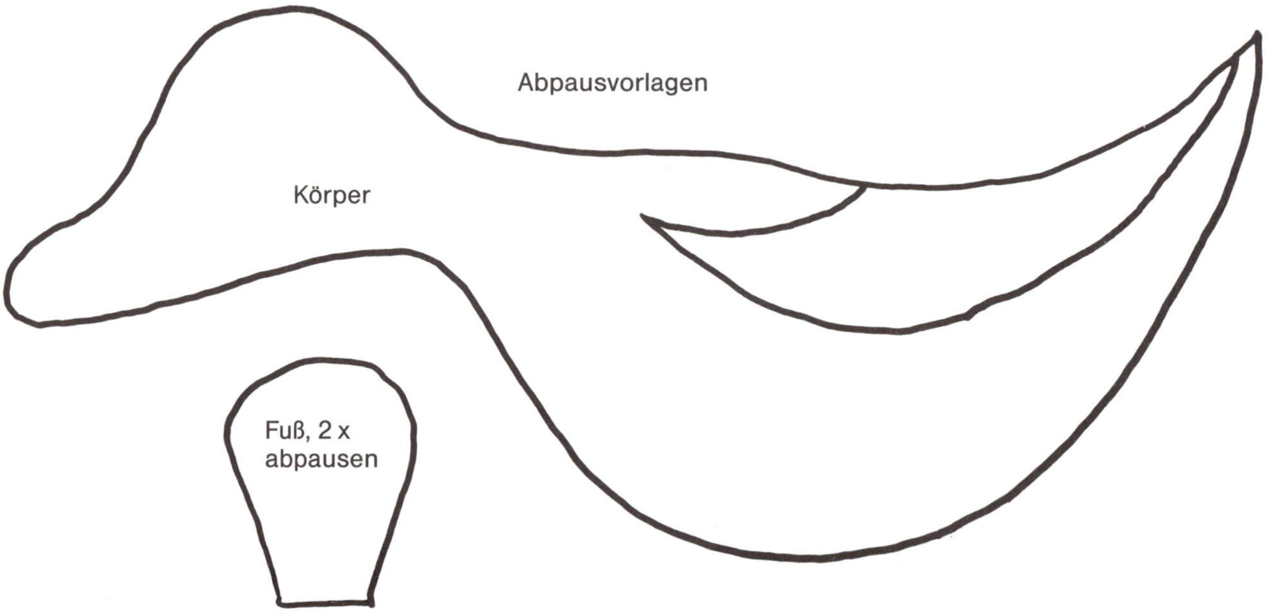
Abpausvorlagen
Körper
Fuß, 2 x
abpausen

Watschelentenpaar

Das hübsche Entenpaar ist nicht nur eine Zierde für das Kinderzimmer. Packt man die Ente am Schwanz und schiebt sie nach vorn, watschelt sie munter durchs Kinderzimmer. Dabei drehen sich die Korkräder, und die Entenfüße aus Leder platschen somit auf den Boden.

Material:

- *Pauspapier*
- *Bleistift*
- *DIN-A4-Karton*
- *Schere*
- *Lochzange*
- *Wachsmalfarben*
- *weiche Lederreste*
- *Kugelschreiber*
- *2 Weinflaschenkorken*
- *scharfes Messer*
- *Holzbrett*
- *2 Holzspieße (Schaschlikspieße)*
- *kleiner Hammer*

1. Die Ente übertragen wir mit Hilfe der Abpausvorlagen von Seite 52 zweimal mit Pauspapier und Bleistift auf den Karton. Dabei vergessen wir nicht, den Flügel und das Loch für die Fußachse durchzupausen.

2. Jetzt schneiden wir die beiden Enten aus und malen sie mit den Wachsmalstiften bunt an. Dabei kann man bei der Farbauswahl je nach Belieben vorgehen.

3. Mit der Lochzange drücken wir ein Loch in der Größe des Holzspießes in die eingezeichnete Stelle.

4. Nun pausen wir jeden Fuß zweimal ab und übertragen ihn mit Kugelschreiber auf dünnes, weiches Leder. Dann schneiden wir die Füße aus.

5. Die Korken für die Füße lassen wir von einem Erwachsenen oder älteren Kind auf einem Holzbrett mit einem scharfen Messer teilen. Zuvor sollte mit Bleistift die Mitte markiert werden.

6. Mit dem Messer ritzen wir nun in jede Hälfte des Korkens einen etwa 3 mm tiefen Falz ein, und zwar längs zur Rundung.

7. In diesen Falz stecken wir mit Hilfe der Messerspitze den Lederfuß, so daß die gerade Seite des Fußes in dem Falz verschwindet. Die anderen Entenfüße stellen wir genauso her.

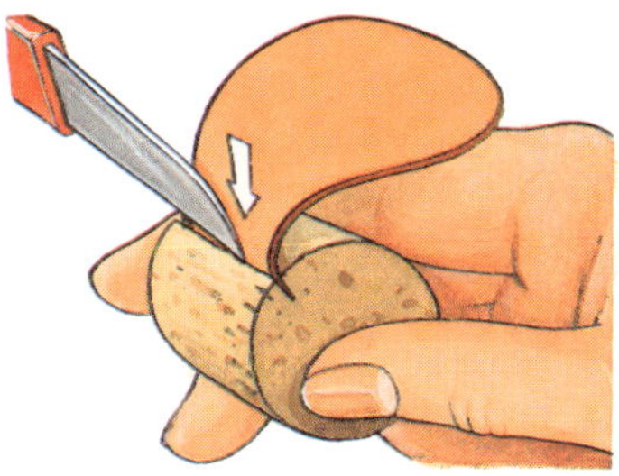

8. Jetzt legen wir einen Korkfuß mit der Schnittstelle nach unten auf ein Brett. Mit Hilfe eines Hammers klopfen wir nun die Spitze des 4,5 cm langen Schaschlikspießes durch den Korken.

9. Das herausragende Ende des Spießes spitzen wir mit einem Messer an und schieben diese Spitze durch das vorbereitete Loch in der Ente.

10. Der zweite Fuß wird jetzt auf der anderen Seite gegen den Spieß gedrückt. Beide Füße müssen eng an den Entenkörper gedrückt werden, siehe Zeichnung.

11. Jetzt drehen wir die Entenfüße so, daß ein Lederfuß vorn und einer hinten ist. Die Enten watscheln auf rauhem Untergrund, z. B. Teppichboden, besser als auf einer glatten Oberfläche.

Fröhliche Schlittenmädchen

So ein fröhliches Schlittenmädchen läßt sich einfach aus wenigen Materialien zusammenbauen. Eine ganze Schar Schlittenmädchen auf einer Winterlandschaft aus Watte oder weißem Papier eignet sich herrlich zum Spielen. Sie sehen aber auch nett auf einer Kaffeetafel aus und ergeben ausgefallene Tischkarten. Der Name des Gastes wird auf eine der Kufen geschrieben. Besonders hübsch wird diese Figur, wenn die Kufen farblich zum Kopftuch passen. Wer will, kann die Kufen auch bunt bemalen.

Material:

- *kleiner Stoffrest*
- *Bleistift*
- *Lineal*
- *Schere*
- *1 Sektkorken aus Kork*
- *Bastelkleber*
- *schwarzer oder roter Filzstift*
- *1 leere Streichholzschachtel*
- *Pauspapier*
- *dünne weiße oder bunte Pappe*

1. Auf den Stoffrest zeichnen wir mit Hilfe des Lineals ein rechtwinkliges Dreieck und schneiden es aus. Maße siehe Zeichnung.

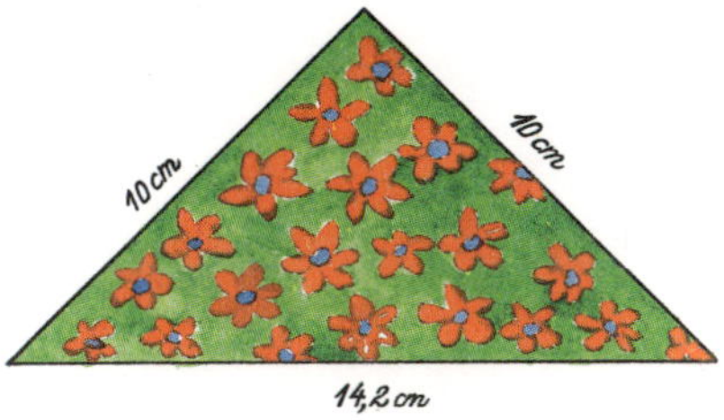

2. Das Kopftuch legen wir jetzt mit der längsten Seite um den Sektkorken und kleben die beiden Enden unter dem Hals übereinander fest.

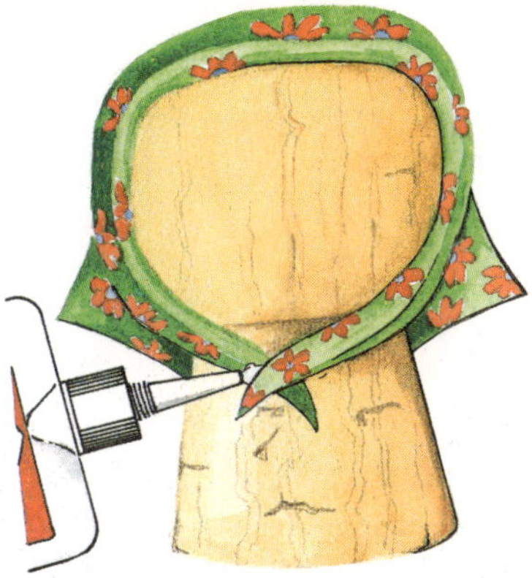

Abpausvorlage

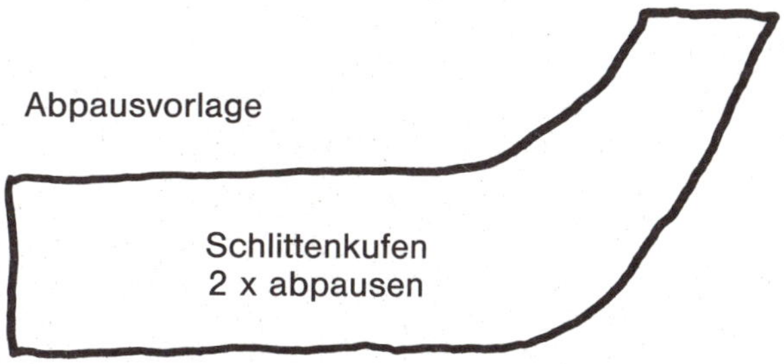

3. Für die Augen und die Nasenlöcher verwenden wir einen schwarzen Filzschreiber, den Mund malen wir mit rotem Filzschreiber.

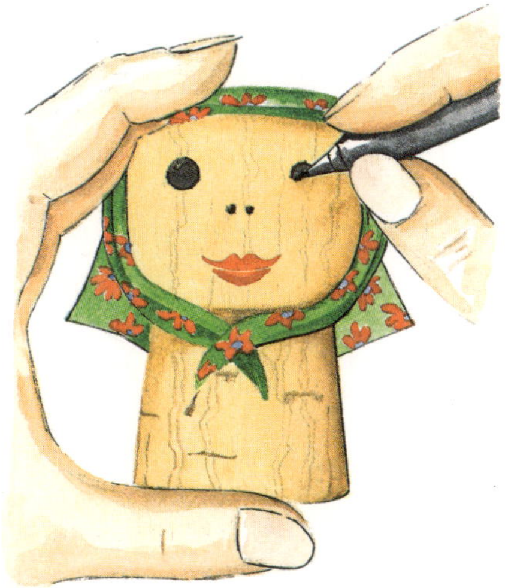

4. Die zwei Kufen übertragen wir mit Pauspapier und Bleistift auf die Pappe und schneiden sie aus.

5. Die beiden Reibeflächen der Streichholzschachtel bestreichen wir mit Klebstoff und drücken an jede Stelle eine Kufe.

6. Zum Schluß bestreichen wir die Unterseite des Sektkorkens ebenfalls mit Klebstoff und drücken das Mädchen fest auf den Schlitten. Jetzt kann die Fahrt losgehen.

Hexentreppen-Hampelmann

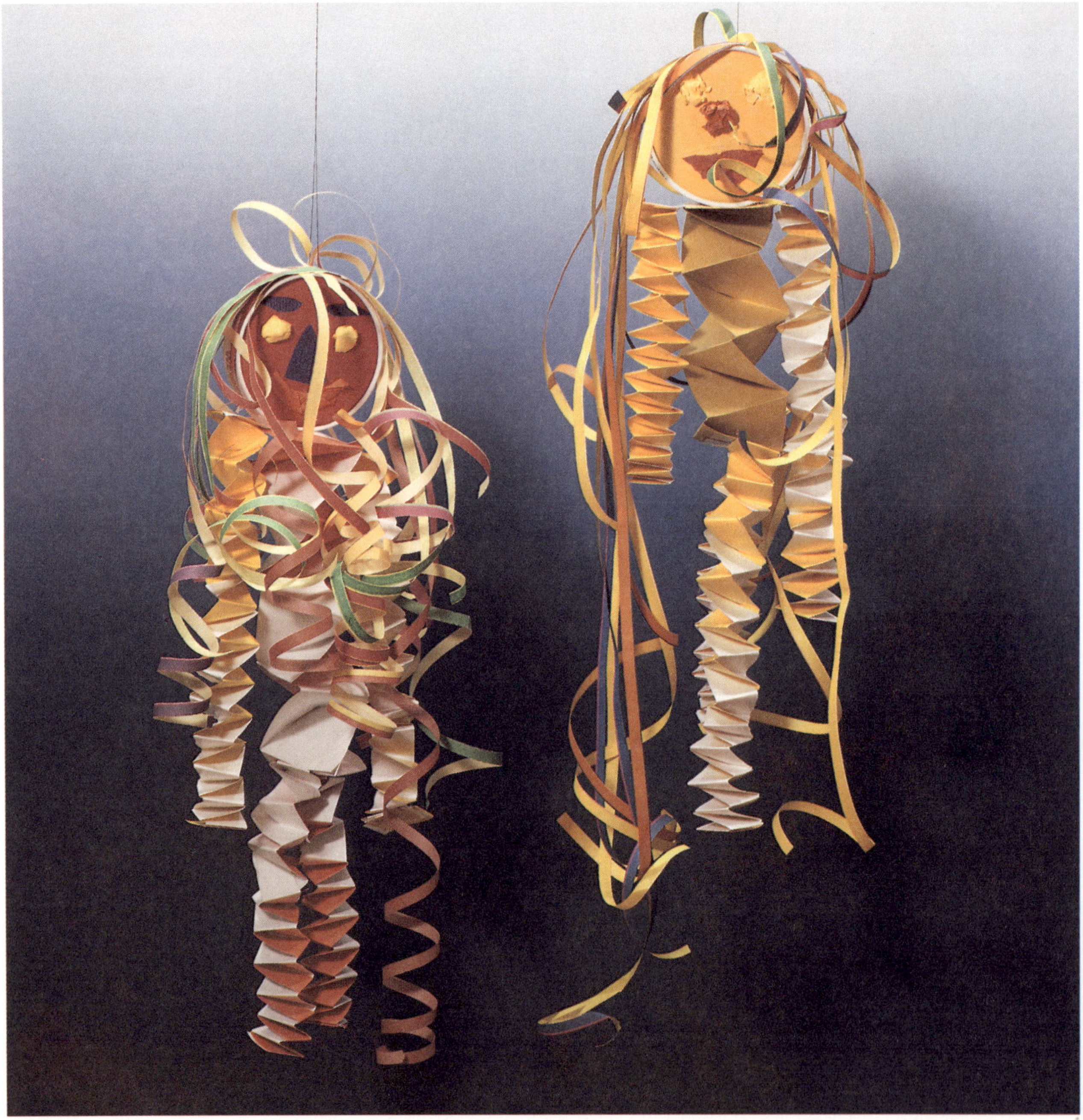

Einen wackelnden Hexentreppen-Hampelmann kann man in verschiedenen Größen herstellen. Wir brauchen dazu verschiedenfarbige Papierstreifen. Diese bekommen wir häufig kostenlos in Druckereien oder Buchbindereien. Eine andere Möglichkeit besteht darin, sich aus Geschenk- oder Schrankpapier die passenden Streifen zurechtzuschneiden.

Material:

- *Buntpapier*
- *Lineal*
- *Bleistift*
- *Schere*
- *runde Käseschachtel (ca. 9 cm Durchmesser)*
- *Luftschlangen*
- *Bastelkleber*
- *Nadel*
- *Faden*

1. Für den Hexentreppen-Hampelmann benötigen wir:
- zwei 50 cm lange und 4 cm breite Streifen für den Körper und
- acht 100 cm lange und 2 cm breite Streifen für Arme und Beine.

Mit Lineal und Bleistift zeichnen wir zwei 50 cm lange und 4 cm breite Streifen für den Körper und 100 cm lange und 2 cm breite für Arme und Beine. Anschließend schneiden wir die Streifen aus.

2. Zunächst kleben wir zwei 4 cm breite Papierstreifen (a und b auf der Zeichnung) rechtwinklig übereinander.

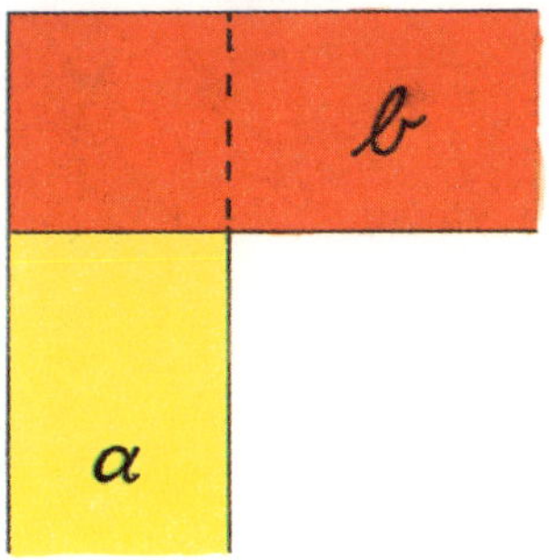

3. Jetzt legen wir a über b. Dann wird b über a gefaltet, dann wieder a über b und immer so weiter, bis zum Ende der Streifen. Die letzte Faltung wir mit Klebstoff festgeklebt. Fertig ist unser Hampelmann-Körper.

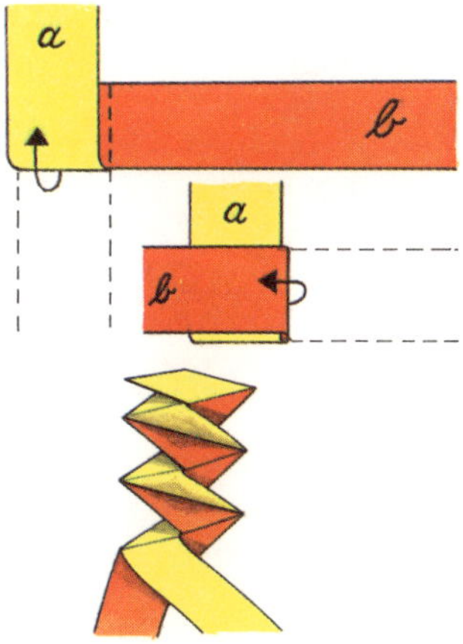

4. Nach dem gleichen Prinzip falten wir aus zwei schmalen Papierstreifen die Beine des Hampelmanns. Für jedes Bein brauchen wir zwei Streifen. Beginn und Ende der Hexentreppen werden mit Klebstoff fixiert. Nun können wir die beiden Beine am Körper, wie auf der Zeichnung zu sehen, festkleben.

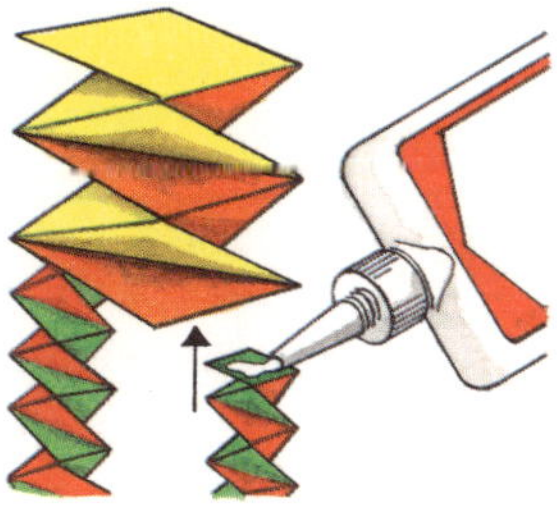

5. Nach der gleichen Art falten wir jetzt die beiden Arme. Dabei lassen wir die Endstreifen etwas länger, das sind die Schultern unseres Hampelmannes (siehe Zeichnung). Beide Arme kleben wir an den Oberkörper.

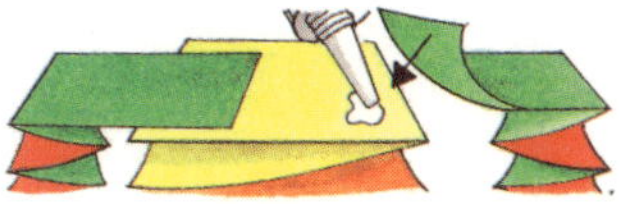

6. Aus Papierresten schneiden wir für das Gesicht Augen, Augenbrauen, Nase und Mund aus und kleben sie auf die Käseschachtel. Der Kopf wird auf die Schultern geklebt.

7. Jetzt fehlen nur noch die Haare. Die dürfen bei dem Hampelmann lang und bunt sein. Den Hinterkopf können wir mit verschieden langen Luftschlangen bekleben, das Gesicht bleibt frei.

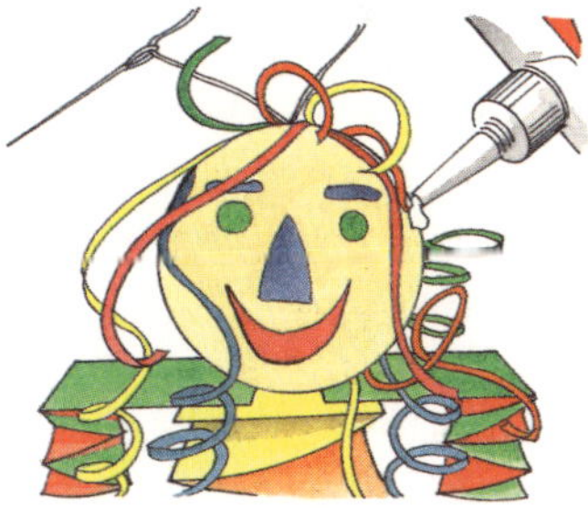

8. Zum Schluß ziehen wir Nadel und Faden durch die Käseschachtel. Nun können wir unseren Hexentreppen-Hampelmann aufhängen. Bei jedem Windzug wackelt er munter umher.

Launenbarometer

Wenn wir ein solches Stimmungsmännchen an unserer Tür anbringen, dann weiß jeder Besucher sofort, wie die Laune gerade ist: gut, schlecht, traurig, langweilig. Ein solches Stimmungsmännchen kann als Preis bei einem Spiel oder als Geschenk viel Freude bereiten.

Material:

- ☞ *dünner Karton (DIN A5)*
- ☞ *Pauspapier*
- ☞ *Bleistift*
- ☞ *Schere*
- ☞ *Stopfnadel*
- ☞ *Filzstifte in Rot, Braun, Schwarz*
- ☞ *Reste von Kreppapier, Bast, Wolle*
- ☞ *Bastelkleber*
- ☞ *Aufhänger*
- ☞ *Musterklammer*
- ☞ *eventuell 1 Knopf*

1. Mit Pauspapier und Bleistift übertragen wir die beiden Teile auf den Karton (Abpausvorlage siehe Seite 190 und 191). Dabei vergessen wir nicht die Markierungspunkte in der Mitte.

2. Danach schneiden wir die beiden Formen aus und stechen in jede mit einer Nadel ein Loch in die Mitte, das wir etwas ausweiten.

3. Dem Gesicht malen wir in der Mitte um das kleine Loch eine rote Nase. Die Augenbrauen und die Augen malen wir mit braunem und schwarzem Filzstift aus. Die Apfelbäckchen werden rot ausgemalt.

4. Auf die runde Form malen wir mit rotem Filzstift die vier Mundformen.

5. Auf die Rückseite des Gesichts kleben wir Haare aus Kreppapier, Bast oder Wolle. Wir können die Haare auch zeichnen. Anschließend kleben wir den Aufhänger auf die Rückseite genau in die Mitte.

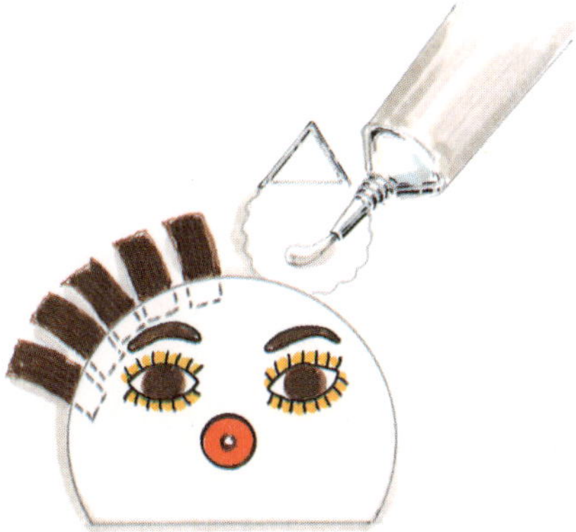

6. Jetzt drücken wir die Musterklammer durch beide Löcher und spreizen sie hinten auseinander. Darauf kann noch ein Knopf als Nase geklebt werden.

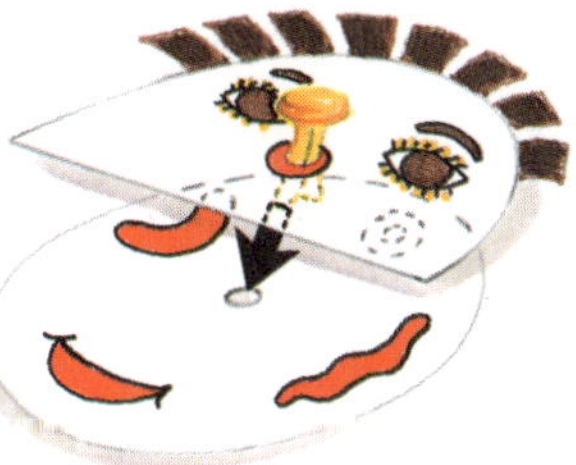

7. Jetzt können wir je nach Stimmung die untere Scheibe drehen und jeder weiß sofort, wie es uns geht.

Mir ist langweilig.

Ich bin traurig.

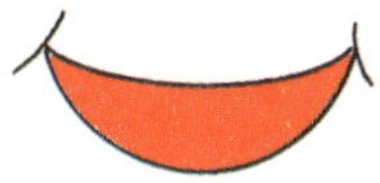

Gute Laune!

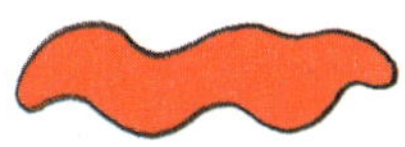

Achtung Sturm!

Hampelmannmobile

Ein immer gern gesehener Gast im Kinderzimmer ist der freundliche und immer lachende Hampelmann. Wir basteln ihn als Mobile. Bei jedem Windzug taumelt er hin und her.

Material:

- *1 DIN-A4-Bogen weiße Pappe*
- *Pauspapier*
- *Bleistift*
- *Schere*
- *Vivelle (siehe Seite 11) in mindestens 4 verschiedenen Farben*
- *Bastelkleber*
- *Nadel*
- *Faden*

1. Mit Pauspapier und Bleistift übertragen wir die drei Teile des Hampelmanns auf die Pappe (Abpausvorlage siehe Seite 188) und schneiden sie aus.

2. Jetzt legen wir unsere Pappschablone der Arme einmal auf das orangerote Vivelle, ziehen die Kontur mit einem Bleistift nach und schneiden die Form aus. Für die Rückseite der Arme nehmen wir blaues Vivelle.

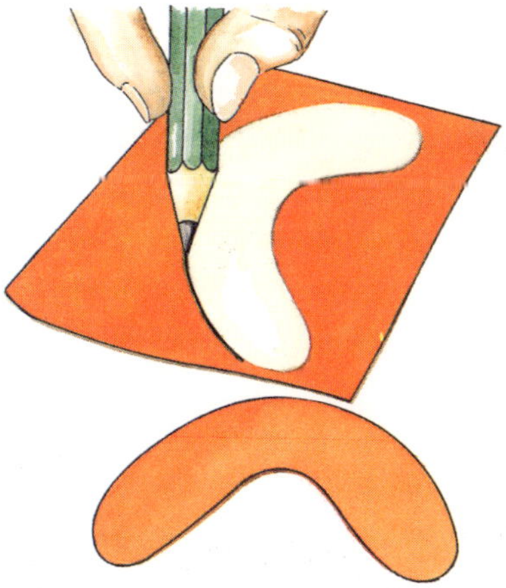

3. Die Beine schneiden wir wieder einmal in Blau und einmal in Orange zu. Alle vier Vivelleteile kleben wir auf die Vorder- und Rückseite von Armen und Beinen unseres Hampelmanns.

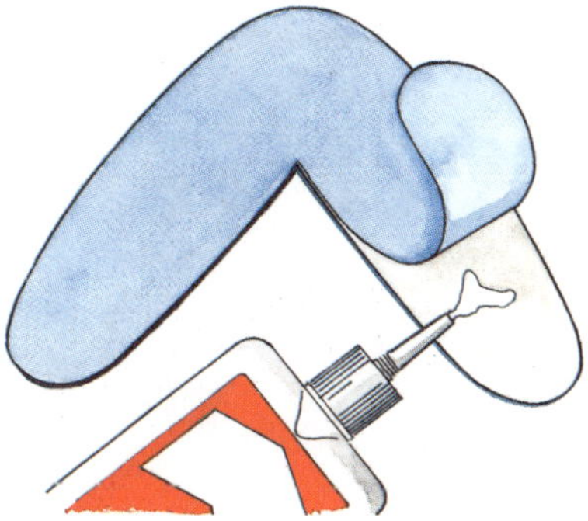

4. Weil Kopf und Mütze in der Vorlage aus einem Stück sind, müssen wir uns aufzeichnen, wie groß die Mütze sein soll. Auch die Mütze besteht aus Vivelle. Vorder- und Rückseite bekommen je eine Farbe, ebenso die Bommel, die wir auch aus Vivelle ausschneiden.

5. Aus den Vivelleresten schneiden wir noch zwei Augen, eine Nase und den Mund zu und kleben diese Teile auf das Gesicht.

6. Die einzelnen Teile unseres bunten Hampelmanns verbinden wir jetzt mit Nadel und Faden, so daß sich alle Teile frei bewegen können. Durch die Bommel ziehen wir einen längeren Faden, damit wir das Mobile gut aufhängen können.

Schneemannmobile

Eine Parade von Schneemännern mit ihren witzigen Mützen ziert besonders zur Winterzeit Wände, Decken und Fenster des Kinderzimmers. Zusammen mit einer blauen Wolke und Schneeflocken (siehe Seite 178) fühlen sich die Schneemänner besonders wohl.

Material:

- *1 DIN-A3-Bogen weißes Tonpapier*
- *1 Untertasse*
- *1 Dessertteller*
- *Bleistift*
- *Schere*
- *1 DIN-A4-Bogen schwarzes Tonpapier*
- *Bastelkleber*
- *orangeroter Filzstift*
- *weißer Bindfarden*
- *Nadel*

1. Zuerst legen wir den Teller und die Untertasse auf das weiße Tonpapier und fahren die Linie mit einem Bleistift nach. Diese beiden Kreise schneiden wir aus. Das sind Kopf und Körper eines Schneemanns.

2. Auf das schwarze Tonpapier zeichnen wir uns einen Hut (Zylinder, Schlapphut oder Zipfelmütze) – dem Schneemann steht jeder Hut gut. Mit der Untertasse ermitteln wir die Größe des Hutes.

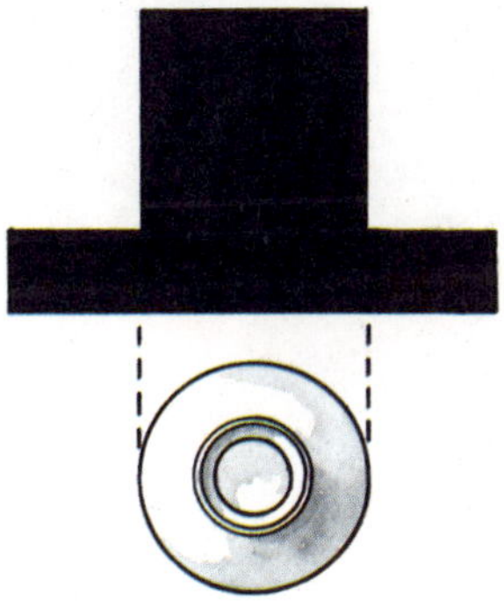

3. Aus dem restlichen schwarzen Tonpapier schneiden wir acht bis zehn runde oder ovale Teile aus. Sie stellen Augen, Mund und Knöpfe aus Kohle dar.

4. Jetzt kleben wir auf den Schneemannkörper (großer Kreis) drei oder vier „Kohlen". Das Gesicht (kleiner Kreis) setzt sich aus zwei „Kohlen" als Augen und drei bis vier „Kohlen" als Mund zusammen.

5. Die Möhre als Nase zeichnen wir mit dem orangeroten Filzstift direkt mitten ins Gesicht unseres Schneemanns.

6. Mit Nadel und Faden verbinden wir jetzt den Körper mit dem Kopf und den Kopf des Schneemanns mit seinem Hut. Alle Teile müssen sich gut bewegen lassen.

7. Zum Schluß ziehen wir einen langen Faden durch den Hut. Nun können wir unseren Schneemann am Fenster, an der Wand oder an der Decke aufhängen.

Fledermausmobile

Ein ganzer Schwarzm Fledermäuse huscht über die Zimmerdecke. Wer fürchtet sich da von unseren Faschingsgästen? Man kann die Fledermäuse einzeln von der Decke herunterhängen lassen oder sie zu einem Mobile zusammenbinden.

Material:

- *1 DIN-A4-Bogen graues Tonpapier*
- *schwarze Tonpapierreste*
- *helles und dunkles Pauspapier*
- *Bleistift*
- *Schere*
- *Bastelkleber*
- *Lineal*
- *Papiermesser oder kleines Küchenmesser*
- *Nadel*
- *Faden*

1. Zuerst übertragen wir die Fledermaus mit dunklem Pauspapier und Bleistift auf das graue Tonpapier (Abpausvorlage siehe Seite 191). Den schmalen Körper und die beiden Innenohren übertragen wir mit hellem Pauspapier auf das dunkle Tonpapier. Danach schneiden wir alle vier Teile mit der Schere aus.

2. Die beiden Innenflächen der Ohren kleben wir mit Klebstoff in die Ohren. Dies ist jetzt die Vorderseite unserer Fledermaus.

3. Jetzt legen wir das Lineal von Punkt a zu Punkt b und ziehen die Linien leicht mit dem Messer nach. Genauso verfahren wir mit dem anderen Flügel.

4. Nacheinander knicken wir entlang dieser vier Linien die Flügelflächen nach hinten um, streichen die Kanten mit dem Fingernagel flach und öffnen dann die Faltungen wieder.

5. Jetzt wenden wir die Fledermaus und ziehen mit Hilfe von Lineal und Messer bei beiden Flügeln von Punkt a zu Punkt c. Entlang dieser Linie falten wir die Flügel zur Vorderseite hin und streichen die Knicke flach. Nun springen die Flügelflächen nach vorn und nach hinten.

6. Das abgerundete markierte Teil des Körpers klappen wir nach vorn. Das ist der Kopf. Etwas unterhalb des Kopfes bringen wir etwas Klebstoff an und drücken dieses Teil am Ohrenansatz fest.

7. Etwa 1 cm unterhalb der Fledermausspitze kleben wir die Spitze des schwarzen Körpers fest. Dadurch wirkt der Körper plastisch.

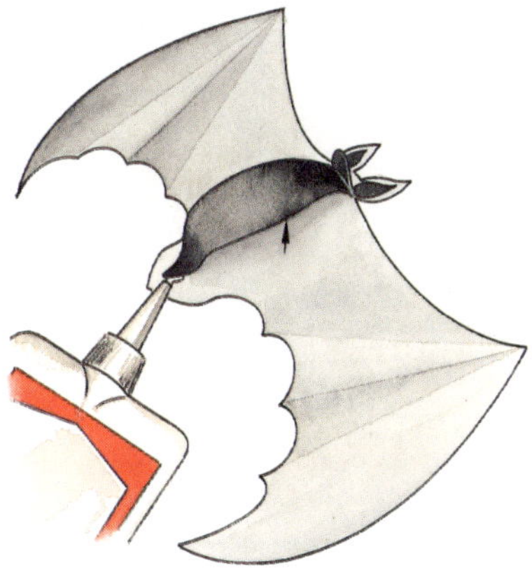

8. Zum Aufhängen stechen wir rechts und links am Rand der Flügel mit einer Nadel kleine Löcher und ziehen einen Faden hindurch.

Regenwolkenmobile

Die hier verwendeten Symbole – Regen, Regenbogen und die Taube mit dem Ölzweig im Schnabel – gehen auf die biblische Geschichte von Noah und der Arche zurück.

Material:

- ☞ *DIN-A5-Bogen graues Tonpapier*
- ☞ *Reste von blauem und grünem Tonpappier*
- ☞ *Rest weiße Pappe*
- ☞ *Pauspapier*
- ☞ *Bleistift*
- ☞ *Schere*
- ☞ *Bastelkleber*
- ☞ *Buntstifte*
- ☞ *Nadel*
- ☞ *schwarze Fäden*

1. Wir pausen den Regenbogen, die Taube und ihre Flügel auf weiße Pappe ab, dann schneiden wir diese Teile aus.

2. Den Regenbogen malen wir auf beiden Seiten mit Buntstiften in folgender Reihenfolge an: mit Gelb, Grün, Blau, Violett, Orange, Gelb.

3. Entlang der Markierungslinie in der Taube schneiden wir einen Schlitz und stecken die Flügel hindurch. Damit sie nicht verrutschen, kleben wir sie fest.

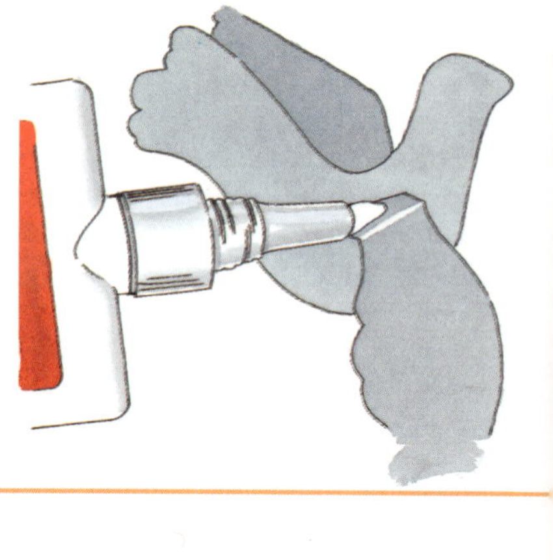

4. Den Ölzweig pausen wir auf den Rest des grünen Tonpapiers, schneiden ihn aus und rundherum ein. Jetzt machen wir einen kleinen Schnitt in den Schnabel der Taube, schieben den Ölzweig hinein und kleben ihn fest.

5. Mit Pauspapier und Bleistift pausen wir zweimal die Wolken auf graues Tonpapier und schneiden sie aus.

6. Entlang der vorgezeichneten Linie schneiden wir unsere Wolken ein – die eine vom unteren, geraden Rand aus, die andere vom Wolkenberg her – jeweils bis zum Querstrich.

7. Nun schieben wir die eingeschnittenen Wolken im rechten Winkel ineinander. Damit die Wolken nicht auseinanderrutschen, kleben wir sie mit etwas Klebstoff fest.

8. Nun müssen wir die Einzelteile zu einem wunderschönen Mobile zusammenfügen. Dafür brauchen wir Nadel und Faden. Zuerst ziehen wir einen Faden durch den Rücken der Taube und verknoten das Ende. Jetzt stechen wir durch die Mitte des inneren Regenbogens, messen 7 cm Faden ab und verknoten ihn.

9. Gegenüber von diesem Punkt stechen wir in die Mitte des äußeren Regenbogens und verknoten den Faden. Jetzt hängt die Taube am Regenbogen, den wir nun im unteren Schnittpunkt der beiden Regenwolken befestigen.

10. Was uns jetzt noch fehlt, sind die Regentropfen. Dazu malen wir 17 Regentropfen auf das blaue Tonpapier und schneiden sie aus.

11. Nun legen wir vor uns ein langes Stück Faden und bestreichen die Regentropfen hinten etwas mit Klebstoff und kleben die Tropfen mit etwas Abstand auf den Faden. Insgesamt brauchen wir vier unterschiedlich lange Fäden mit sieben, fünf, drei und zwei Regentropfen.

12. Mit Hilfe von Nadel und Faden verknoten wir die vier Regenschnüre an dem Regenbogen.

13. Für die Aufhängung ziehen wir zum Schluß durch den oberen Schnittpunkt der Wolke Nadel und Faden in der gewünschten Länge.

Abpausvorlagen

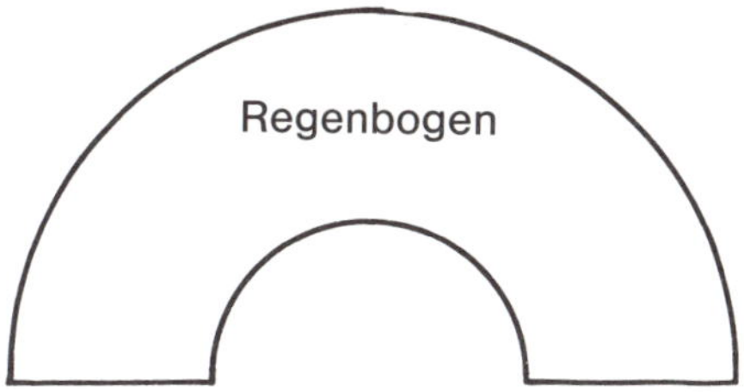

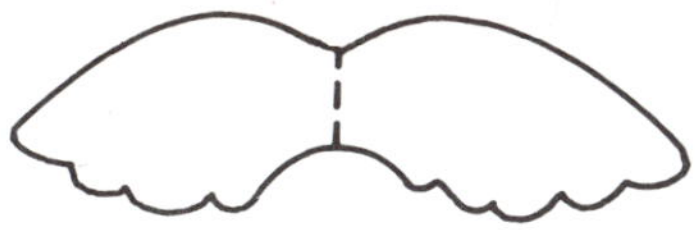

Taube, Flügel

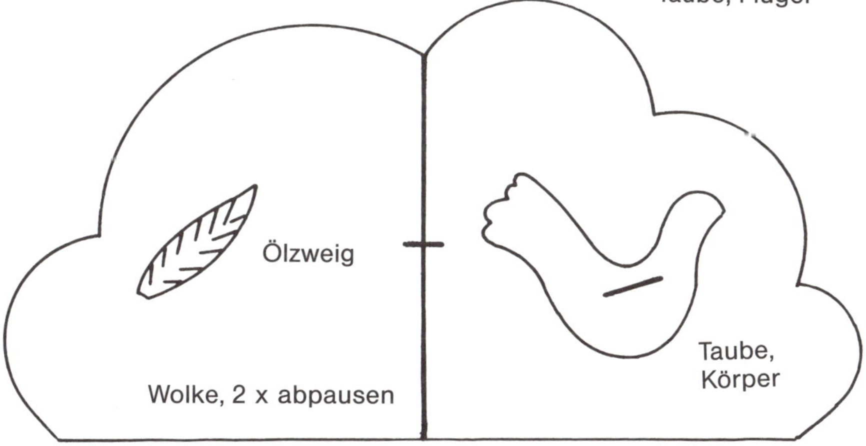

Geschenke

für Freunde

Krabbelkäfer

1. Mit Pauspapier und Bleistift übertragen wir das Blatt von der Abpausvorlage auf Seite 71 mit den beiden Markierungen für die Löcher auf den grünen Fotokarton. Durch die beiden Löcher ziehen wir später den Faden.

2. Jetzt schneiden wir das Blatt aus und zeichnen mit grünem Filzstift die Blattadern. Geschickte Zeichner malen das Blatt ohne Abpausvorlagen auf den Fotokarton.

3. Den kleinen Marienkäfer pausen wir zweimal auf das rote Tonpapier und schneiden beide Teile aus. Ein Teil ist der Unterkörper des Käfers, er bleibt unbemalt. Auf der Oberseite zeichnen wir mit schwarzem Filzstift die Flügel, den Kopf sowie die Punkte. Wieviele Punkte der Marienkäfer bekommt, könnt ihr selber bestimmen.

4. Den nicht zu dünnen grünen Faden fädeln wir durch die Nadel und machen am Ende einen dicken Knoten. Jetzt stechen wir von unten durch den Punkt in der Nähe der Blattspitze und ziehen den Faden durch.

5. Ungefähr in der Mitte des Fadens kleben wir den Käfer fest. Dazu bestreichen wird den Unterkörper des Marienkäfers mit Klebstoff und legen den Faden darauf. Der Faden muß genau in der Mitte liegen.

6. Die mit Kopf und Flügel bemalten Käferhälften bestreichen wir ebenfalls dünn mit Klebstoff und drücken ihn deckungsgleich auf den Unterkörper.

Von unsichtbarer Hand gezogen, krabbelt ein kleiner Käfer über das Blatt. Dieses kleine Geschenk macht Spaß beim Herstellen und erfreut den Beschenkten.

Material:

- ☞ *grüner Fotokarton (20 x 25 cm)*
- ☞ *Pauspapier*
- ☞ *Bleistift*
- ☞ *Schere*
- ☞ *grüner und schwarzer Filzstift*
- ☞ *rotes Tonpapier (5 x 10 cm)*
- ☞ *grüner Wollfaden*
- ☞ *Nadel*
- ☞ *Bastelkleber*

7. Nun stechen wir mit der Nadel durch den unteren Punkt in der Nähe des Blattstiels, ziehen die Nadel heraus und verknoten das Fadenende.

8. Wenn wir jetzt am oberen Ende des Blattes am Faden ziehen, krabbelt der Käfer nach oben. Ziehen wir am Fadenende beim Blattstiel, krabbelt er wieder nach unten.

Abpausvorlagen

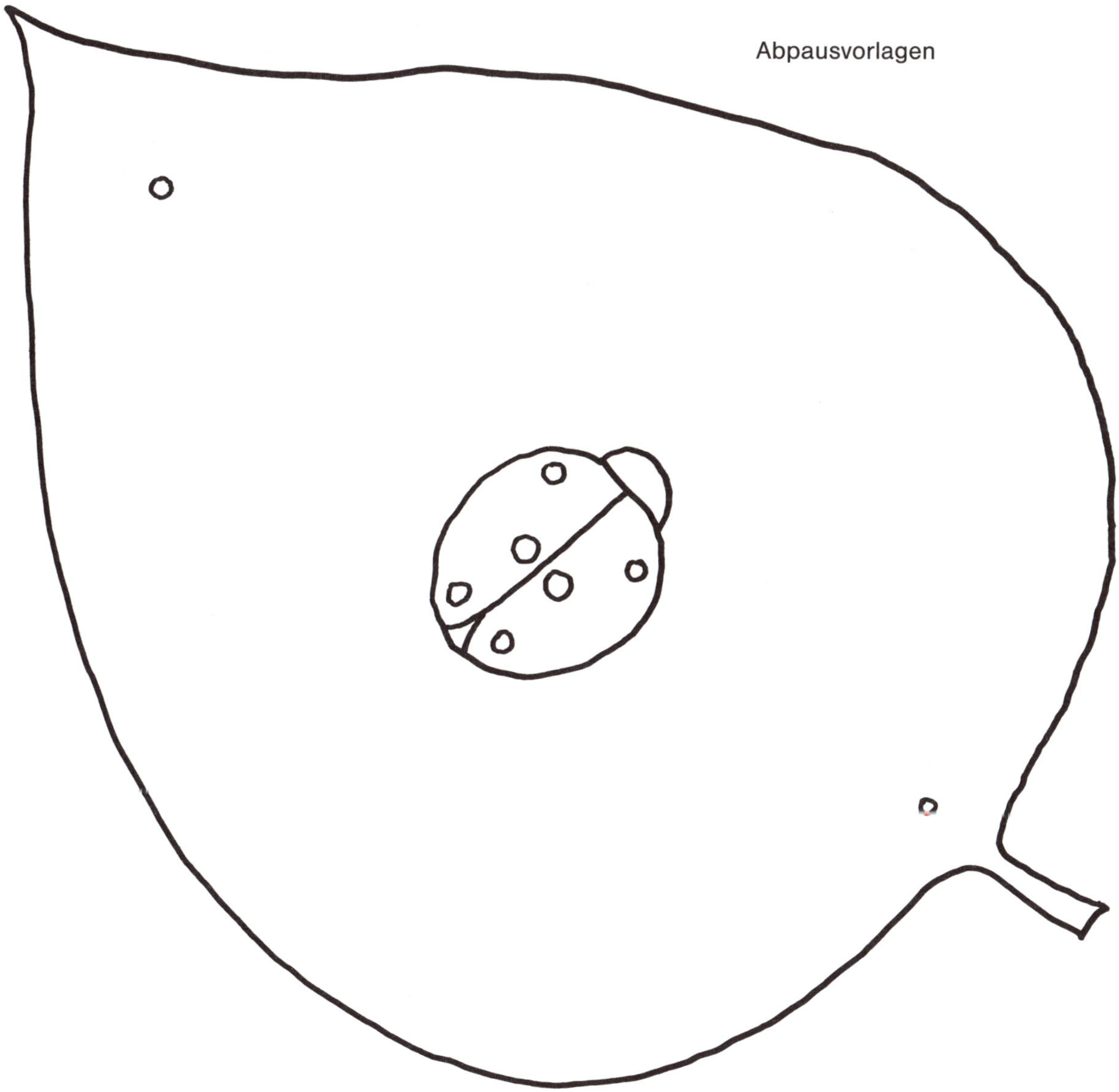

Kinderhände in Gips

Ohne großen Aufwand lassen sich die kindlichen Hände in Gips abdrucken. Mit etwas Geschick entsteht daraus ein hübsches Geschenk für die Eltern oder Großeltern. Es läßt sich jederzeit leicht prüfen, um wieviel die Kinderhände gewachsen sind.

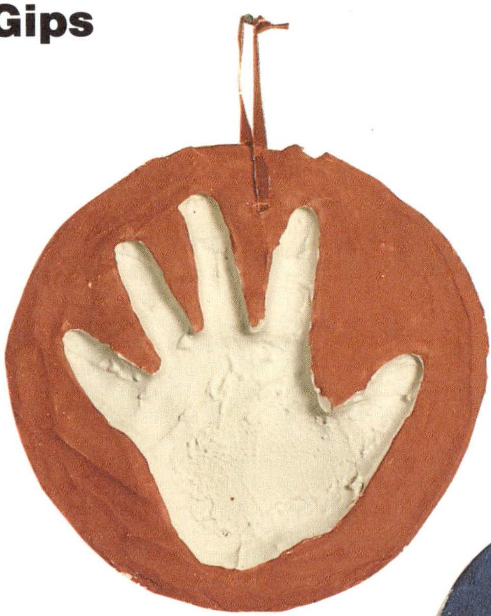

Material:
- *Gips*
- *Plastikschüssel*
- *Becher*
- *Stock zum Umrühren*
- *Käseschachtel (ca. 16 cm Durchmesser)*
- *15 cm Paketschnur oder Geschenkband*
- *Fingerfarbe*
- *Pinsel*

1. Zuerst gießen wir einen Becher Wasser in die Schüssel und rühren zwei Becher Gips dazu. Mit dem Stock können wir die Masse gut umrühren. Den Gipsbrei gießen wir auf den Boden der Käseschachtel.

2. Jetzt knoten wir das Stück Schnur zusammen und drücken es in den oberen Rand der Gipsmasse. Das ist der Aufhänger für unseren Gipsabdruck.

3. Wir schütteln die Schachtel und lassen sie dann auf den Tisch fallen. Dadurch entsteht eine glatte Oberfläche.

4. Jetzt spreizen wir die linke Hand und drücken sie in den weichen Gips. Beim Hochheben müssen wir vorsichtig sein, damit der Abdruck nicht verwischt.

5. Während der Gips trocknet, können wir mit angefeuchteten Fingern die rauhen Stellen glattstreichen. Dann lösen wir vorsichtig den Rand der Käseschachtel. Mit angefeuchteten Händen glätten wir auch den Rand.

6. Nach etwa 15 Minuten ist der Gips vollständig erstarrt, und die Schachtel kann nun wieder entfernt werden.

7. Damit unser Handabdruck auch gut herauskommt, malen wir zum Schluß die Gipsplatte mit Pinsel und Fingerfarben an, den Handabdruck lassen wir weiß.

Sandkastenbilder

Für solche Bilder braucht man den Sand aus einem Sandkasten oder vom Urlaubsstrand. Im Bastelgeschäft ist Sand in verschiedenen Farben erhältlich.

Material:

- *1 DIN-A4-Bogen weißes oder farbiges Papier*
- *flüssiger Klebstoff*
- *trockener Sand*
- *Klarlack zum Sprühen (FCKW-frei)*
- *eventuell 1 Bilderrahmen*

1. Wir lassen auf unser Blatt Papier flüssigen Klebstoff laufen und zeichnen damit Kreise, Schleifen, Figuren, Häuser, Blumen – was uns gerade einfällt.

2. Dann streuen wir den Sand über das ganze Blatt und warten einen Moment, damit der Sand festkleben kann. Jetzt schütteln wir den Sand ab. Die mit dem Klebstoff vorgezeichneten Muster sind nun mit Sand beklebt und gut sichtbar.

3. Wer möchte, kann sich ein beliebiges Motiv auf das Papier pausen und mit dem flüssigen Klebstoff „nachmalen".

4. Nachdem der Klebstoff gut getrocknet ist, können wir das Bild mit FCKW-freiem Klarlack kurz besprühen.

5. Zum Schluß bekommt das Bild einen Rahmen – und fertig ist unser Sandkastenbild.

Fette Flunder aus Krepp

Aus buntem Kreppapier lassen sich leicht hübsche Bilder anfertigen. Unsere fette Flunder ist ein Beispiel. Aber auch Hasen, Katzen, Dinosaurier, Bäume, Häuser und Blumen kann man auf Tonpapier zeichnen und mit farblich harmonisierenden Kreppkügelchen zu einem Wandbild gestalten. Unser fertiges Kunstwerk kleben wir zum Schluß auf dunkleres Tonpapier – schon schwimmt die fette Flunder im Meer.

Material:

- *Pauspapier*
- *Bleistift*
- *1 Bogen hellblaues Tonpapier (19 x 16,5 cm)*
- *Kreppapier in 3 Blautönen, in 2 Violettönen und in Weiß*
- *Lineal*
- *Schere*
- *6 Untertassen*
- *Bastelkleber*
- *1 Bogen mittelblaues Tonpapier (21 x 18,5 cm)*

1. Wir übertragen den Fisch auf den kleineren Bogen Tonpapier.

2. Unser Kreppapier schneiden wir in viele, etwa 3 cm breite Streifen. Wer eine kräftige Schere besitzt, kann von dem aufgerollten Kreppapier gleich 3 cm breite Streifen abschneiden. Diese Kreppapierstreifen reißen wir nun in kleine Quadrate, die wir zwischen den Fingern zu nicht zu lockeren Kügelchen formen.

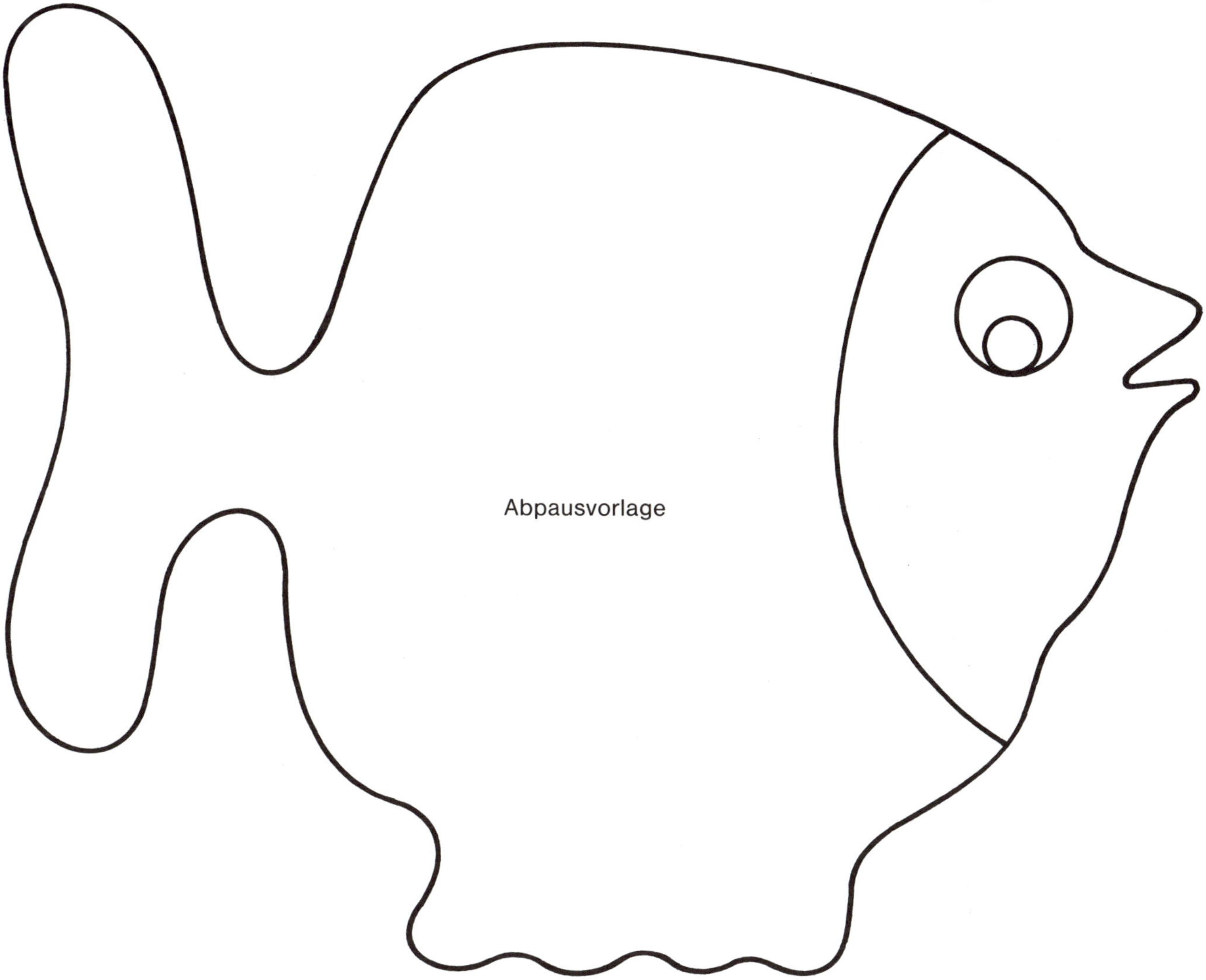

3. Vor uns stellen wir nebeneinander die sechs Untertassen. Dorthin legen wir farblich voneinander getrennt die Kreppkugeln. Für unseren Fisch brauchen wir ungefähr 500 Kügelchen. Die tatsächliche Anzahl hängt von der Größe des Bildes ab, aber auch davon, wie fest sie gerollt und wie dicht sie auf das Motiv geklebt werden.

4. Jetzt bestreichen wir einen kleinen Teil des Flunderkopfes mit Bastelkleber und drücken die Kreppkügelchen fest. Welche Farben wir für den Kopf und den Körper verwenden, bleibt unserer Phantasie überlassen. Sie müssen also nicht mit der Vorlage übereinstimmen. Auf jeden Fall leuchtet das Flunderauge hell in dem dunklen Kopf.

5. Beim Bekleben des Flunderkörpers achten wir darauf, daß auch die Bleistiftkonturen des Fisches überklebt werden.

6. Sind die Kreppkügelchen festgeklebt, bestreichen wir die Rückseite unseres Bildes dünn mit Klebstoff und drücken es auf den größeren Bogen Tonpapier.

Schnuckelmäuschen

Das Geburtstagsfest wird doppelt so schön, wenn nicht nur das Geburtstagskind Geschenke erhält. Basteln wir doch einmal für unsere kleinen und großen Gäste süße Überraschungen für jede Serviette neben dem Teller auf der Kaffeetafel.

Material:

- ☞ *Tonpapierreste in verschiedenen Farben*
- ☞ *Pauspapier*
- ☞ *Bleistift*
- ☞ *Schere*
- ☞ *Blastelkleber*
- ☞ *schwarzer Filzstift*
- ☞ *Wollreste*
- ☞ *kleine Süßigkeiten*

1. Mit Pauspapier und Bleistift übertragen wir die Maus auf Tonpapier und schneiden sie aus.

2. Wir bestreichen ein kleines Stück mit Klebstoff. Nun können wir die Maus ganz leicht wie eine Tüte zusammenkleben.

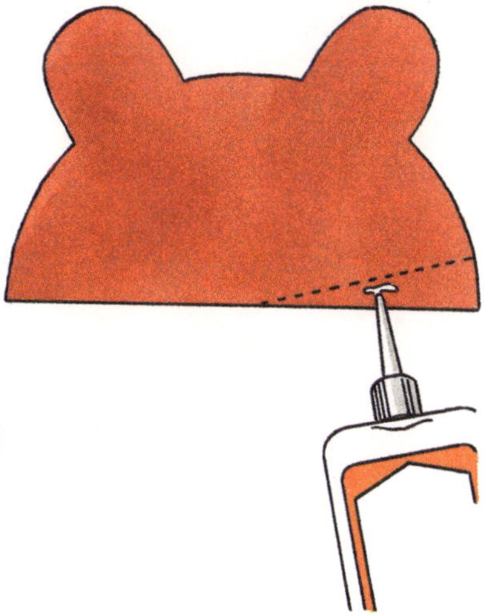

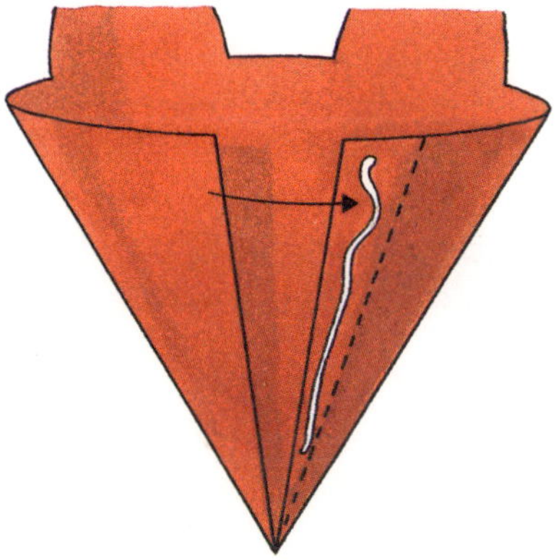

3. Für den Schwanz schneiden wir einen dünnen, 10 cm langen Streifen aus, der zum Ende hin spitz zuläuft. Den Schwanz kleben wir in die Tüte, und zwar auf die Nahtstelle. Wenn wir mit der Schere über das Schwanzende streichen, kringelt sich das Papier.

4. Mit dem Filzstift malen wir der Maus große runde Augen mitten ins Gesicht.

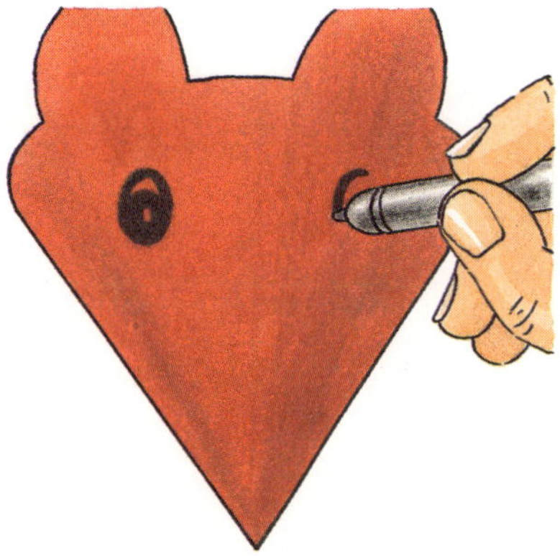

5. Den Schnurbart kleben wir direkt aufs Schnäuzchen. Jetzt können wir die Maus mit allerlei kleinen Leckereien füllen.

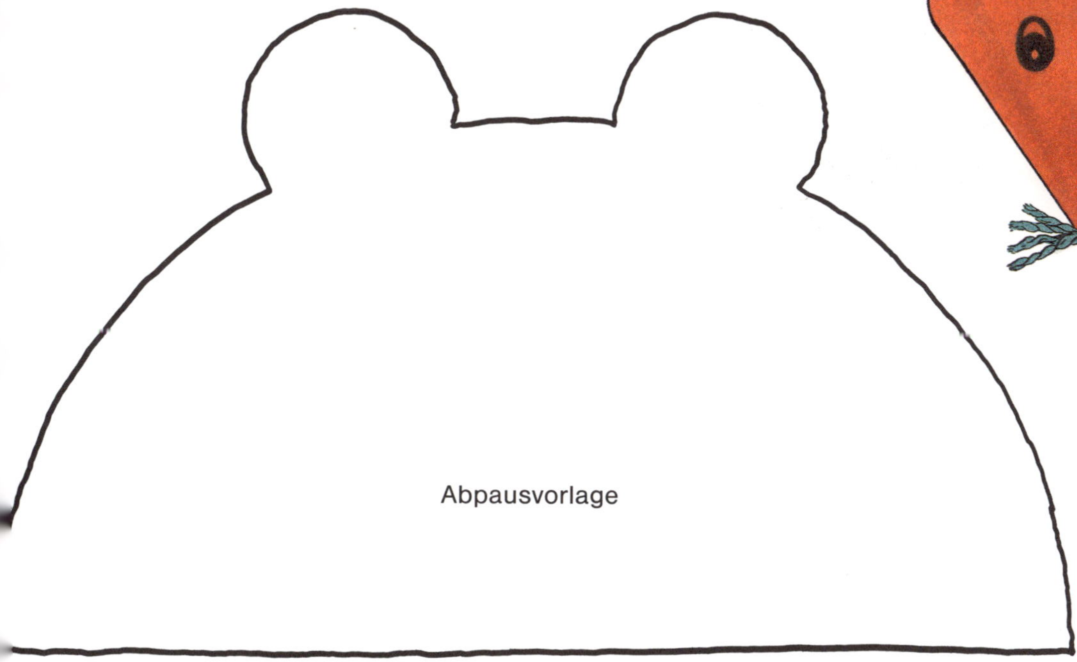

Dufte Orangenbälle

Wenn auch ein solches duftendes Geschenk nicht monatelang hält, der Beschenkte wird dennoch sechs bis acht Wochen an den Schenkenden denken. Solange nämlich kann eine mit Nelken gespickte Orange an einem Zweig hängen und ihren Duft verströmen.

Material:
- *2 Orangen*
- *Spitzenband oder Geschenkband*
- *Gewürznelken*

1. Wir legen das schmale Spitzenband von oben nach unten um die Orange, kreuzen die beiden Enden an der Unterseite und führen das Band wieder nach oben, so daß die Orange eingerahmt ist.

2. Hier verknoten wir das Spitzenband und führen es nach oben. In der gewünschten Länge machen wir wieder einen Knoten, dann eine Schleife.

3. Jetzt bleibt es unserer Phantasie überlassen, wie dicht wir die Nelken in die Orangenschale pieken.

4. Die zweite Orange stellen wir auf dieselbe Art her.

Bleistiftclown

Ein nettes und nützliches Mitbringsel als Dankeschön für eine Partyeinladung ist unser Bleistiftclown. Noch dazu läßt sich mit ihm gut spielen.

Material:

- *1 Styropor- oder Wattekugel (ca. 5 cm Durchmesser)*
- *kleines Messer*
- *Bleistift*
- *Bastelkleber*
- *Filzstifte*
- *Wollreste*
- *Schere*
- *Kreppapier (ca. 15 x 4 cm)*

1. Zuerst schneiden wir in die Kugel ein großes Loch, so daß der Bleistift hineinpaßt. Dann kleben wir ihn mit Klebstoff fest. So haben wir ihn für die weitere Bearbeitung gut im Griff.

2. Mit Filzstift malen wir dem Clown nun ein lustiges, munteres Gesicht. Ein orangefarbener Stift, der die Hautfarbe andeuten soll, eignet sich besonders gut für die freien Flächen um die Augen, Nase und Mund.

3. Der Wollrest dient als Haarschopf. Dafür schneiden wir viele, etwa 5 cm lange Fäden ab.

4. Diese kleben wir mit Alleskleber an, wie auf der Zeichnung zu sehen ist.

5. Als Fliege verwenden wir jetzt das Kreppapier, das wir einmal längs falten und dann knoten. Mit Kleber können wir sie noch zusätzlich befestigen.

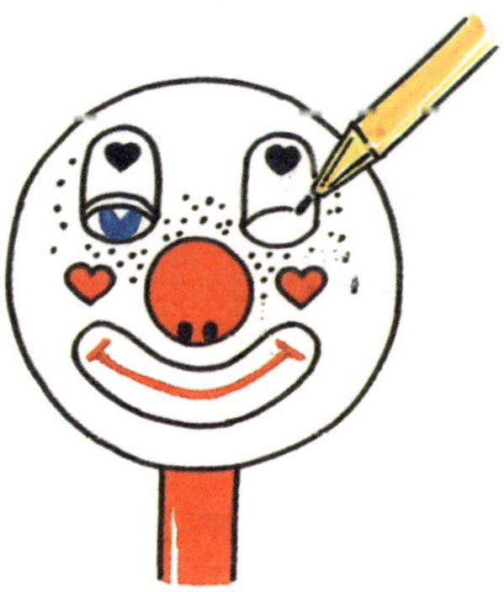

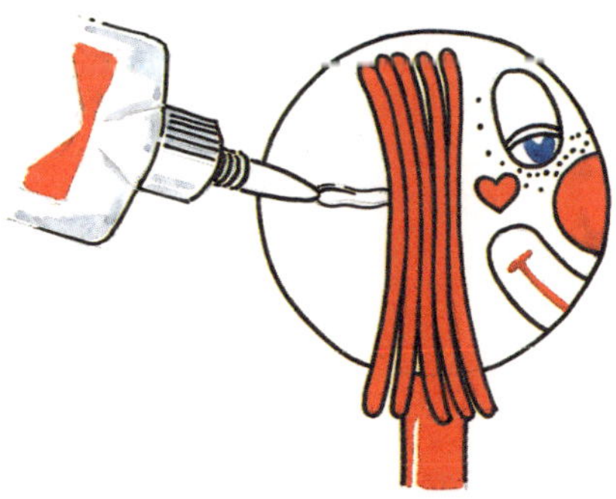

Geschenke

Armband und Halskette aus Pappmaché

Nicht nur für kleine Mädchen ist die bunte Kette und das Armband aus Pappmaché. Beide Schmuckstücke sind leichter herzustellen, als man denkt (siehe hierzu auch Seite 16).

Material:
- *5-Liter-Kochtopf*
- *alte Zeitungen*
- *1 Liter Wasser*
- *Stock zum Umrühren*
- *Sieb*
- *Plastikschüssel*
- *4 Eßlöffel Weißleim*
- *4 Eßlöffel Tapetenkleister*
- *eventuell 10 Eßlöffel Sägemehl*
- *Backblech*
- *Holzspieße (Schaschlikspieße)*
- *Pinsel*
- *Wasserfarben*
- *Klarlack zum Sprühen (FCKW-frei)*
- *Nadel*
- *Gummifaden*

1. Wir füllen einen 5-Liter-Kochtopf zur Hälfte mit Schnipseln von Zeitungspapier, füllen Wasser bis zum Rand auf und lassen das Ganze 15 Minuten kochen. Danach wird gut umgerührt.

2. Nach dem Abkühlen wird der Brei durch ein Sieb gegossen und in eine Schüssel gegeben. Mit vier Eßlöffeln Weißleim und vier Eßlöffeln Kleister muß diese Mischung mit den Händen gut geknetet werden. Zehn Eßlöffel Sägemehl verbessern die Masse. Sie sind aber nicht notwendig.
Ist die Masse zu trocken, gibt man etwas Wasser und Leim hinzu. ist sie zu naß, hilft etwas Sägemehl.

3. Das Backblech belegen wir mit alten Zeitungen. Jetzt können wir aus der Pappmachémasse 40 oder mehr kleine Kugeln mit einem Durchmesser von etwa 0,5 cm für die Kette und etwa 10 bis 15 Kugeln für das Armband rollen.

4. Wir spießen diese Kugeln vorsichtig auf die Holzspieße und legen sie nebeneinander auf das Backblech. Bei 50 °C werden die Kugeln im Backofen etwa acht Stunden getrocknet. In der Sonne oder an der Heizung dauert das zwei bis drei Tage.

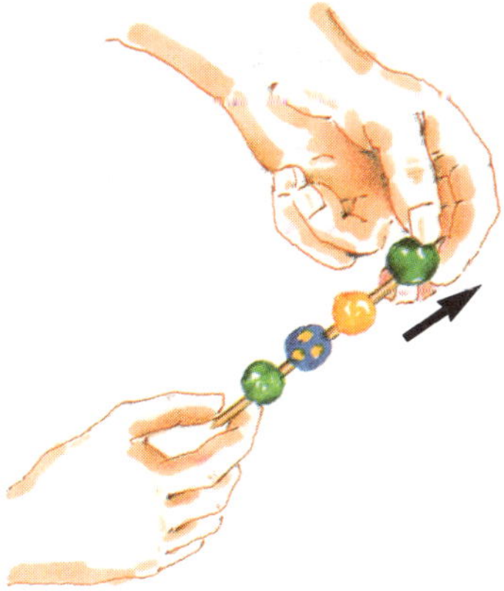

5. Jetzt können wir die Kugeln einfarbig oder mit Mustern bemalen. Die Kugeln können auf Wunsch nach dem Trocknen der Farbe mit FCKW-freiem Sprühlack überzogen werden.

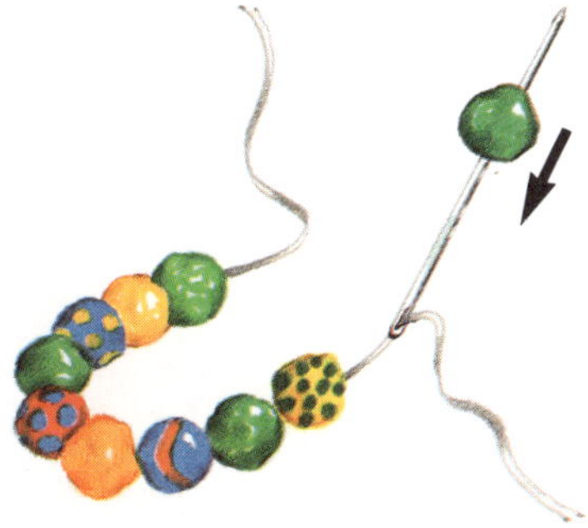

6. Wir nehmen die getrockneten Kugeln von den Spießen und ziehen mit der Nadel einen dünnen Gummifaden durch die Löcher. Das überstehende Band wird verknotet und abgeschnitten.

Buntes Obst aus Pappmaché

Ein Obstteller mit buntem Obst ist ein dekoratives Geschenk. Neben den hier gezeigten drei Früchten lassen sich ebenso leicht andere Früchte, wie Kirschen, Pflaumen und Ananas, aber auch Gemüse, wie Auberginen, Zucchini, Zwiebeln und Tomaten herstellen.

Bevor wir mit der Bastelarbeit beginnen, bedecken wir unsere Arbeitsplatte mit alten Zeitungen oder mit einer Wachstuchdecke. Um unsere Kleidung zu schützen, ziehen wir einen Malkittel oder ein altes Herrenhemd an.

Material:

- *2 Eßlöffel Tapetenkleister*
- *Wasser*
- *Gefäß*
- *Stock zum Umrühren*
- *Malkittel*
- *alte Zeitungen*
- *Wachstuchdecke*
- *Wasserfarben*
- *Pinsel*
- *Klarlack zum Sprühen (FCKW-frei)*

Apfel

1. Zuerst rühren wir etwa zwei Eßlöffel Tapetenkleister in einer Schüssel mit Wasser an; die genaue Verdünnung steht auf der Kleisterpackung. Danach lassen wir diese Masse 3 Minuten quellen. Dann formen wir unser Obst.

2. Wir breiten einen Doppelbogen Zeitungspapier auf unserer Arbeitsfläche aus und bestreichen sie mit den Fingern auf der ganzen Oberfläche mit Kleister. Danach knüllen wir den Bogen zu einer festen Kugel zusammen.

3. Jetzt bestreichen wir noch einen einfachen Bogen Zeitungspapier mit dem Kleister und wickeln ihn um unsere Kugel. So hält sie nämlich besser.

4. Eine Ecke des Zeitungspapiers lassen wir stehen und zwirbeln sie zu einem Apfelstiel zusammen. Am Ende sitzt noch ein kleines Blatt.

5. Wir zerreißen die unbedruckten weißen Ränder der Zeitungen in kleine Schnipsel. Unseren angehenden Apfel bestreichen wir rundherum mit Kleister und kleben diese Schnipsel so um die Kugel, daß kein bedrucktes Papier mehr zu sehen ist.

6. Unser Apfel muß jetzt einen Tag trocknen. Danach bemalen wir ihn zuerst mit gelber Wasserfabe, dann – nach dem Trocknen – stellenweise mit roter Farbe. Viele Äpfel sind dort, wo sie von der Sonne geküßt werden, rot, auf der Rückseite gelb und grün. Den Apfelstiel malen wir braun, das Blättchen grün.

7. Wenn unser Apfel gut bemalt ist, besprühen wir ihn nach dem Trocknen rundherum mit FCKW-freiem Klarlack, dadurch leuchten die Farben intensiver.

Birne

1. Wie beim Apfel knüllen wir aus einem doppelten, eingekleisterten Zeitungsbogen eine feste Kugel, aus einem einfachen, bestrichenen Zeitungsbogen eine kleinere.

2. Jetzt drücken wir beide Kugeln mit etwas Kleister dazwischen zusammen. Damit die Rohform besser hält, bestreichen wir wieder einen einfachen Zeitungsbogen mit Kleister und wickeln ihn um unsere Grundform. Dabei lassen wir wieder eine Ecke stehen und zwirbeln daraus den Stiel. Der Stiel kann auch getrennt hergestellt werden. Wenn wir die Birne oben etwas einritzen, können wir den Stiel mit etwas Kleister darin festkleben.

3. Auch die Birne bekleben wir wieder mit den unbedruckten Zeitungsschnipseln. Wir lassen sie einen Tag trocknen.

4. Dann bemalen wir sie mit hellen Gelb- und Grüntönen. Den Birnenstiel malen wir braun. Zum Schluß besprühen wir sie mit Klarlack.

Banane

1. Für diese Frucht bestreichen wir einen einfachen Bogen Zeitungspapier mit Kleister und formen ihn zu einer gebogenen Wurst. Ein Ende drücken wir etwas spitz zu.

2. Wegen der besseren Haltbarkeit wickeln wir wieder einen bestrichenen Zeitungsbogen um die Grundform. Wir kleben die unbedruckten Zeitungsschnipsel auf die Banane und malen sie nach dem Trocknen gelb an. Das spitz zulaufende Ende wird braun angemalt.

3. Danach mit Klarlack besprühen.

Ansteckfliegen

Welch ein hübsches Geschenk für die Einladung zu einer Kinderfaschingsparty am Rosenmontag. Diese Fliegen sehen zwar sehr lustig aus, aber deshalb müssen wir sie nicht nur zur Faschingszeit anstecken. Sehr schön sieht es auch aus, wenn wir mehrere Fliegen über- und nebeneinander an unsere Kleidung stecken.

Material:

- *3 verschiedenfarbige Trinkhalme mit Gelenk*
- *Lineal*
- *kleine Schere*
- *3 kleine Sicherheitsnadeln*

1. Von jedem Trinkhalm schneiden wir rechts und links vom Gelenk ungefähr 6 cm ab.

2. Danach benutzen wir eine Schere und schneiden die Halme auf beiden Seiten bis zum Gelenk auf.

3. Jetzt knicken wir den Trinkhalm so ein, daß wir jeweils das Ende unter das Gelenk drücken können.

4. Zum Schluß schieben wir eine kleine Sicherheitsnadel durch das Gelenk, und schon ist die Ansteckfliege fertig.

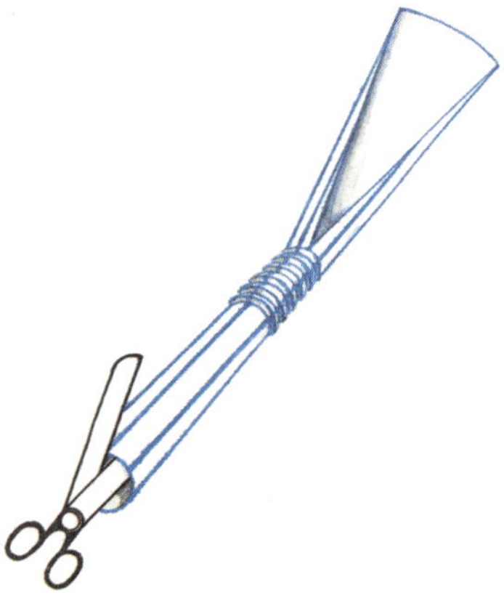

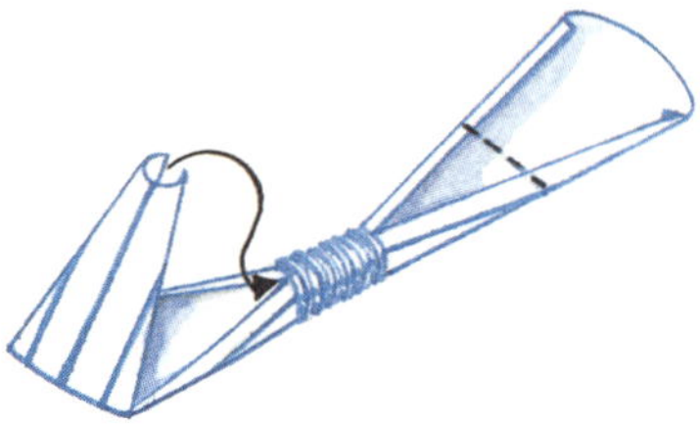

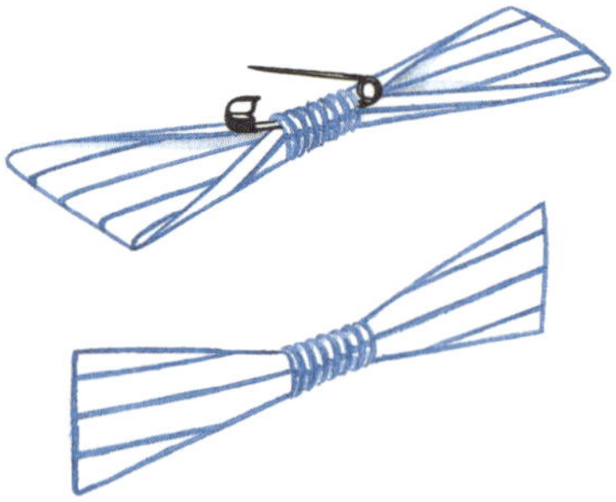

Lustige Papierketten

Aus etwas buntem Papier, einer dicken Nadel und etwas Klebstoff entstehen die tollsten Ketten, die es nirgends zu kaufen gibt. Darüber freut sich nicht nur die Freundin, sondern bestimmt auch die Mutter und die Großmutter.

Material:

- ☞ *Reste von einfarbigem oder gemustertem Papier (Prospekte, Geschenkpapier, usw.)*
- ☞ *Lineal*
- ☞ *Bleistift*
- ☞ *Schere*
- ☞ *dicke Stopfnadel*
- ☞ *Bastelkleber*
- ☞ *Nadel*
- ☞ *Faden*

1. Aus dem farbigen Papier schneiden wir einige 30 cm lange und 5 bis 8 cm breite Streifen aus.

2. Mit Hilfe des Lineals und eines Bleistifts markieren wir eine lange Seite unseres Streifens alle 3 cm. Auf der anderen Seite machen wir es fast ebenso, nur beginnen wir mit den Markierungspunkten um 1,5 cm versetzt.

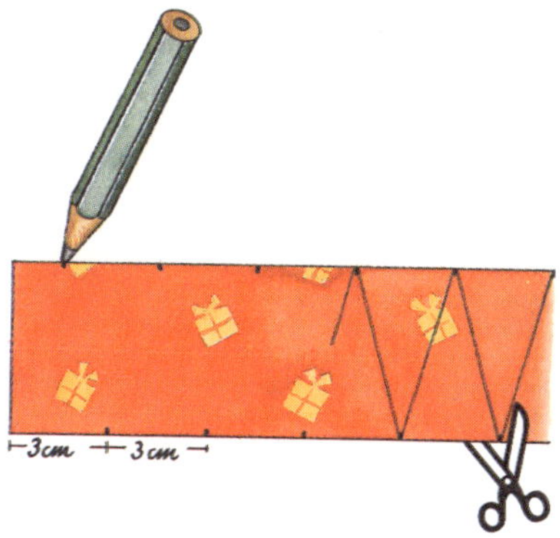

3. Mit dem Bleistift zeichnen wir jetzt eine Zickzacklinie – von Punkt zu Punkt – auf unseren bunten Papierstreifen.

4. Diese langen Dreiecke schneiden wir mit der Schere aus.

5. Jetzt legen wir ein Dreieck mit der farbigen Seite nach unten auf den Tisch und legen an die breite Seite die dicke Nadel. Mit Daumen und Zeigefinger rollen wir das Papier um die Nadel. Die Spitze des Papiers kleben wir fest und streifen das erste Stäbchen von der Nadel. Für eine Kette brauchen wir etwa 30 solcher Stäbchen in einer Farbe oder bunt gemischt.

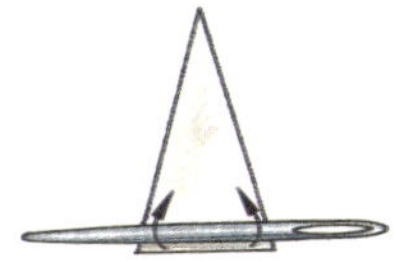

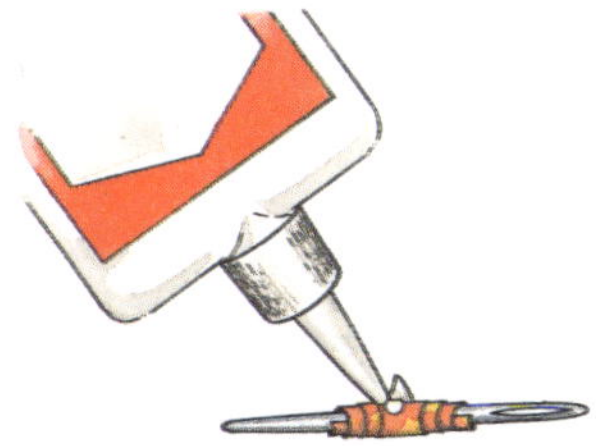

6. Mit Nadel und Faden reihen wir die einzelnen Stäbchen zu einer Kette auf. Der Faden wird zum Schluß am Ende verknotet.

Luftballonvogel

Wer freut sich nicht über einen so lustigen, dicken Vogel? Er ist nur etwas empfindlich, möchte nicht gedrückt werden und hat wahnsinnige Angst vor spitzen Gegenständen. Das Herstellen ist einfach, schwierig ist nur das Verknoten des aufgeblasenen Luftballons.

Material:

- *1 Luftballon*
- *1 Bogen orangerotes Tonpapier (10 x 25 cm)*
- *Pauspapier*
- *Bleistift*
- *Schere*
- *Bastelkleber*
- *Reste von gelbem und braunem Karton*
- *schwarzer Filzstift*
- *gelbes, grünes und braunes Kreppapier*
- *1 Faden*

1. Mit Pauspapier und Bleistift übertragen wir die Füße und den Schnabel auf das Tonpapier (Abpausvorlage siehe Seite 191) und schneiden beide Teile aus. Den Schnabel falten wir an den beiden Linien nach innen. Das ist unser Klebstreifen.

2. Jetzt blasen wir einen kleinen Luftballon nicht zu stark auf und verknoten ihn. Der Knoten wird der Vogelkörper.

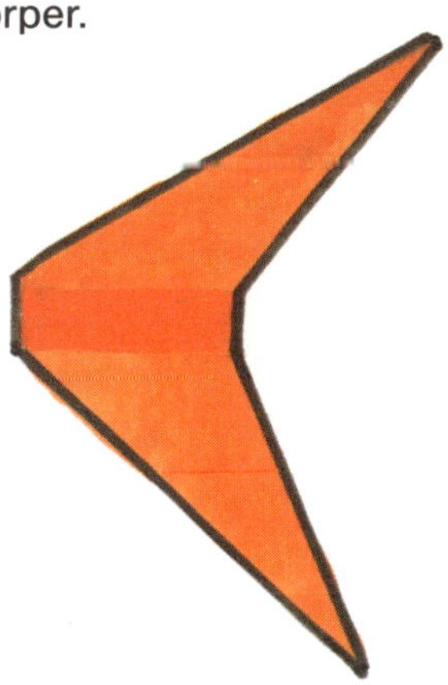

3. Leicht schräg zu dem Knoten kleben wir die Füße an. Wir müssen den leichten Ballon solange festhalten, bis der Klebstoff fast getrocknet ist.

4. Schräg nach oben kleben wir den Schnabel an, der auch gut festgehalten werden muß.

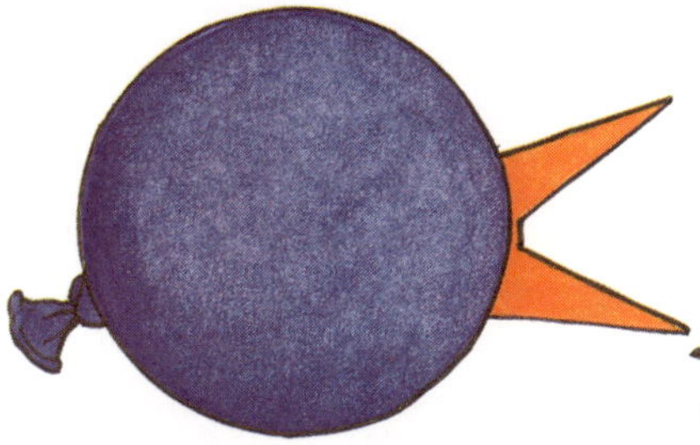

5. Aus gelbem und braunem Tonpapier schneiden wir die Augen aus. Wir kleben die braunen Kreise auf die gelben und markieren im Innern der braunen die schwarzen Augen.

6. Für die Wimpern brauchen wir aus Kreppapier zwei Streifen: 4,5 cm breit und 5 cm lang. Das Kreppapier wird etwa 1 cm vom Rand fransig eingeschnitten.

7. Wir drehen die Augen um und kleben die Wimpern oben an. Wir wenden die Augen wieder und biegen die Wimpern etwas nach vorn. Dann kleben wir die Augen auf den Ballon – gut festhalten.

8. Für den Schwanz brauchen wir einen Streifen Kreppapier: 4,5 cm breit und 25 cm lang. Wie die Wimpern wird auch dieser Streifen eingeschnitten, dann zusammengelegt – nicht gerollt – und mit einem Faden am Luftballonknoten festgebunden.

9. Für die Ohren und den Kopfpuschel brauchen wir drei Streifen (siehe Punkt 8.). Das kleinere Ende wird dann glattgedrückt und rechts, links und oben festgeklebt.

Hampelrabe

Einen Hampelmann kann ja jeder haben, aber ein schwarzer Hampelrabe, der ist schon etwas ganz Besonderes. Mit einem solchen süßen Hampelvogel kann man seinen besten Freund, den Onkel oder die Nachbarin überraschen. Er sieht komplizierter aus, als er ist.

Material:

☞ *1 DIN-A5-Bogen schwarzer Fotokarton*
☞ *Rest roter Fotokarton*
☞ *Pauspapier*
☞ *Bleistift*
☞ *Schere*
☞ *Lochzange*
☞ *Bastelkleber*
☞ *weiße Klebepunkte*
☞ *schwarzer Filzstift*
☞ *2 Musterklammern*
☞ *1 Gummiring (1 cm Durchmesser oder ein größerer, doppelt genommener Gummiring)*
☞ *etwas festes Garn*
☞ *60 cm schwarze Schnur*
☞ *Holzperle*

1. Mit Pauspapier und Bleistift übertragen wir den Kopf, den Körper, die beiden Füße und die Flügelhälfte auf den schwarzen bzw. roten Fotokarton. Für den zweiten Flügel wird der erste umgedreht auf den Fotokarton gelegt und die Kontur nachgezeichnet. Die Lochmarkierungen nicht vergessen. Dann schneiden wir alle Teile aus.

2. Die Markierungspunkte durchstechen wir mit der Lochzange.

3. Der Kopf wird derart auf den Körper geklebt, daß die beiden Löcher am Körper gerade noch zu sehen sind.

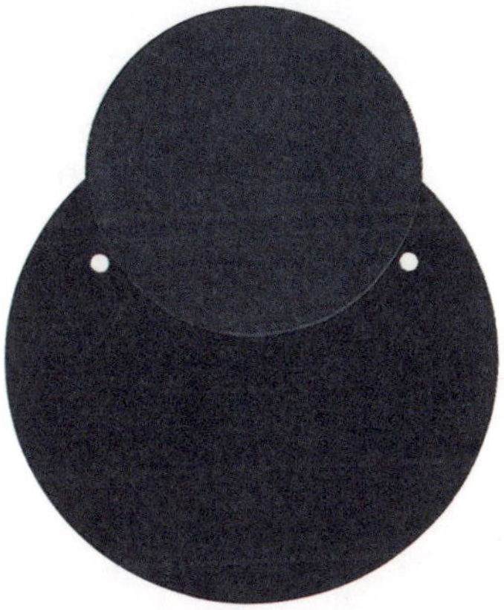

4. Aus dem Rest des roten Fotokartons schneiden wir einen spitzen Schnabel aus. Die beiden weißen Klebepunkte kleben wir rechts und links am Kopf fest, dazwischen den Schnabel, mit der Spitze nach unten. Mit schwarzem Filzstift malen wir zwei Pupillen in die Augen.

5. Jetzt kleben wir die beiden Füße von hinten an den Körper.

6. Mit den beiden Musterklammern befestigen wir die Flügel am Körper. Die Klammern dürfen nicht zu fest sitzen.

7. Durch die beiden kleinen Löcher in den Flügeln und einen doppelten Gummiring ziehen wir ein kurzes Stück Garn und knoten es fest. Jetzt ziehen wir durch den Gummiring und das Loch im Rabenkopf eine ungefähr 15 cm lange schwarze Schnur für die Aufhängung und verknoten sie.

8. Zum Schluß ziehen wir das restliche Stück schwarze Schnur durch die waagerechten Fäden zwischen den Flügeln, verknoten es und befestigen unten unsere Holzperle. Fertig!

Abpausvorlagen

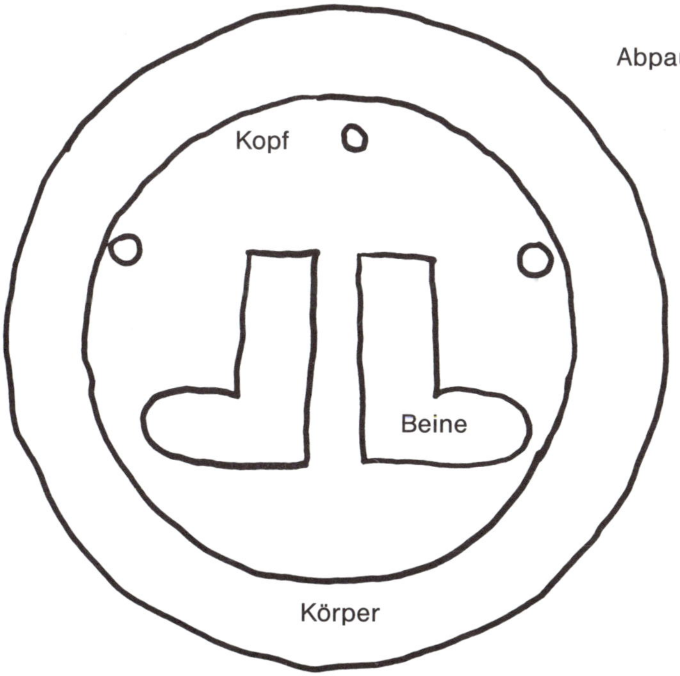

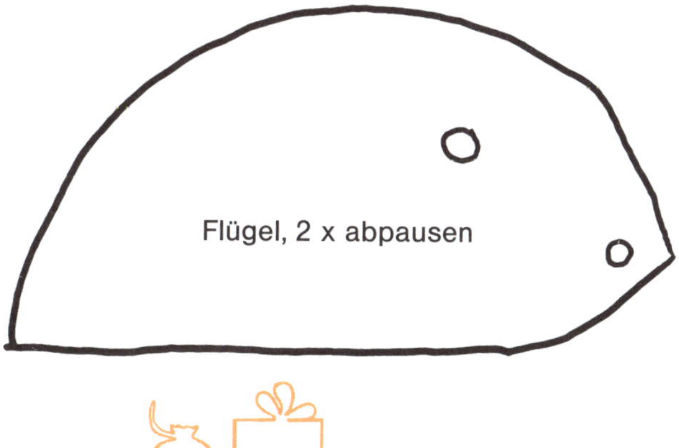

Igel- und Entenfamilie aus Ton

2. Mit Daumen und Zeigefinger kneifen wir so in die Kugel, daß dadurch ein Igelschnäuzchen entsteht. Dieses Schnäuzchen ziehen wir mit dem Schaschlikspieß nach und drücken gleich zwei Augen in den Kopf.

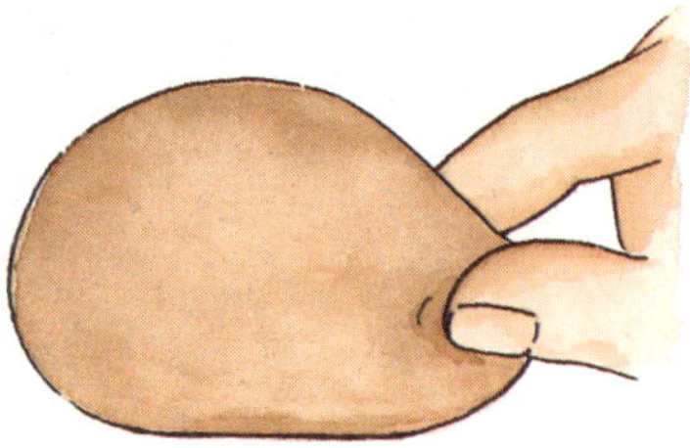

An diesen beiden Tierfamilien hat der Beschenkte viele Jahre seine Freude. Sie sehen sehr niedlich auf dem Fensterbrett aus, im Regal oder auf dem Tisch.
Ton, den man gleich bearbeiten kann, gibt es in Bastelgeschäften, wo man die fertigen Sachen oft auch brennen lassen kann (siehe hierzu auch Seite 16). Zumindest erhält man dort Hinweise auf eine Brennerei. Der geformte Ton muß nämlich erst einige Tage langsam trocknen, bevor er in einem sehr heißen Spezialofen gebrannt werden kann. Trägt man danach eine Glasur auf, muß der Gegenstand nochmals in den Brennofen.

Material:
☞ *Ton (kiloweise im Bastelgeschäft erhältlich)*
☞ *altes Holzbrett*
☞ *1 Schaschlikspieß aus Metall*
☞ *1 Packung farblose Tonglasur*

Igelfamilie

1. Wir formen aus einem Stück Ton Kugeln von 3 bis 6 cm Durchmesser. Aus der dicksten Kugel entsteht der Vater, die Mutter ist etwas kleiner, ganz klein sind natürlich die Kinder. Dann drücken wir diese Kugeln derart auf ein Holzbrett, daß eine abgeflachte Standfläche entsteht.

3. Mit der Spitze des Schaschlikspießes bohren wir in den Igelkörper viele kleine Löcher, die wie Stacheln aussehen. Auf dem Kopf wachsen natürlich keine Stacheln.

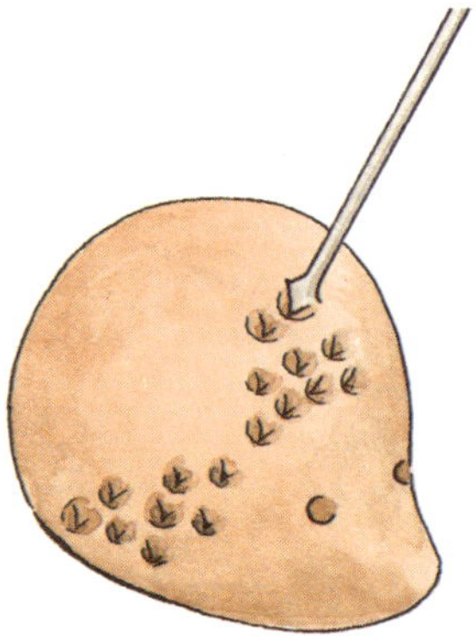

4. Die fertigen Igel sollten etwa eine Woche vor dem Brennen bei Zimmertemperatur gut getrocknet werden. Beim Glasieren richten wir uns nach den Angaben des Herstellers. Danach muß die Igelfamilie nochmals in den Brennofen.

Entenfamilie

1. Die Grundform für die Enten ist wieder die Kugel. Wir brauchen Kugeln von 3 bis 6 cm Durchmesser für Vater, Mutter und die Kinder.

2. Wir drücken die Kugel auf ein Holzbrett, so daß eine glatte Standfläche entsteht.

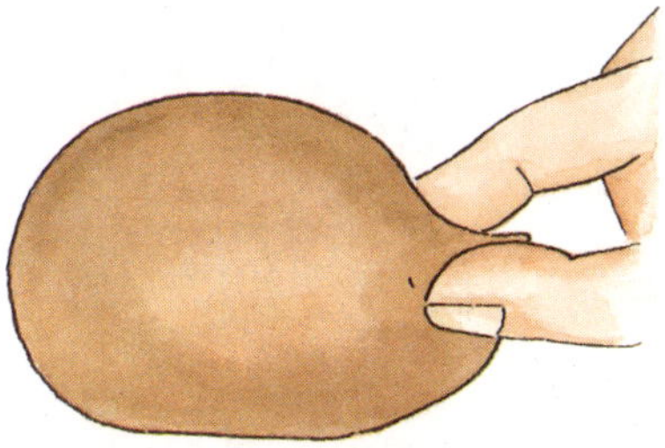

3. Für den Entenschwanz kneifen wir derart in den Ton, daß eine flache Stelle entsteht.

4. Nun drücken wir mit dem Finger am gegenüberliegenden Ende eine Plattform ein und formen aus wenig Ton eine Wurst und drücken sie an die Plattform. Das ist der Schnabel.

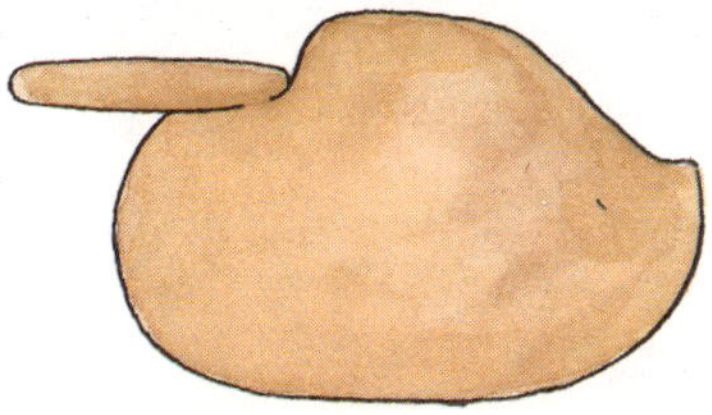

5. Jetzt brauchen wir noch kleinere Tonkugeln für die Köpfe, die auf den Schnabel gedrückt werden. Mit feuchten Fingern verstreichen wir die Ansatzstelle zwischen Kopf und Körper.

6. Mit dem Schaschlikspieß drükken wir jeder Ente zwei Augen ins Gesicht und deuten mit einigen Ritzen die Flügel an.

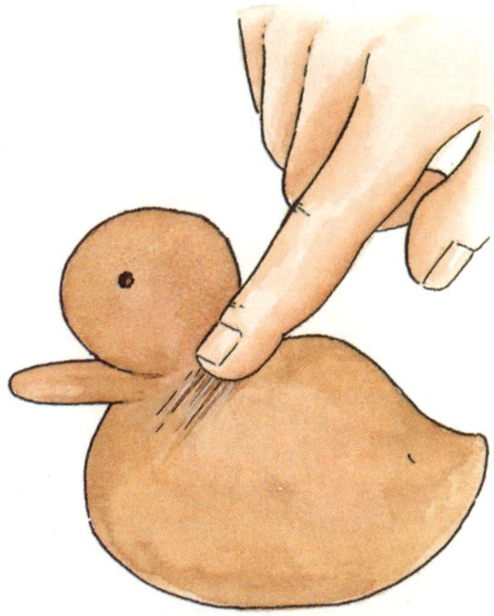

7. Auch die Entenfamilie muß eine Woche trocknen, bevor sie gebrannt wird. Nach dem Glasieren muß auch sie nochmals in den Brennofen.
Geschenke aus Ton müssen mindestens vier Wochen vor dem Schenken hergestellt werden.

Tonigel mit Kressestacheln

Ein ganz besonderes Geschenk für Salatfans. Ein bißchen frisch geschnittene Kresse über dem Salat macht ihn schmackhafter, gesund ist es obendrein. Kresse schmeckt natürlich auch auf Butter- oder Käsebrot.
Ton gibt es in jedem Bastelgeschäft, wo man die fertigen Sachen oft auch brennen lassen kann (siehe Seite 16).

Wer den Kresseigel beispielsweise zu Weihnachten verschenken will, muß mindestens vier Wochen vorher mit der Arbeit beginnen. Auch die Kresse braucht ein paar Tage, bis sie gewachsen ist.

Material:
- *Ton (kiloweise im Bastelgeschäft erhältlich)*
- *altes Holzbrett*
- *Messer*
- *Schaschlikspieß*
- *Gefäß mit Wasser*
- *Blumenerde*
- *1 Tütchen Kressesamen*
- *Wasser*

1. Von der dicken Tonrolle schneiden wir auf einem feuchten Holzbrett eine 1 cm dicke Scheibe ab. Den restlichen Ton decken wir mit Plastik zu, damit er nicht austrocknen kann.

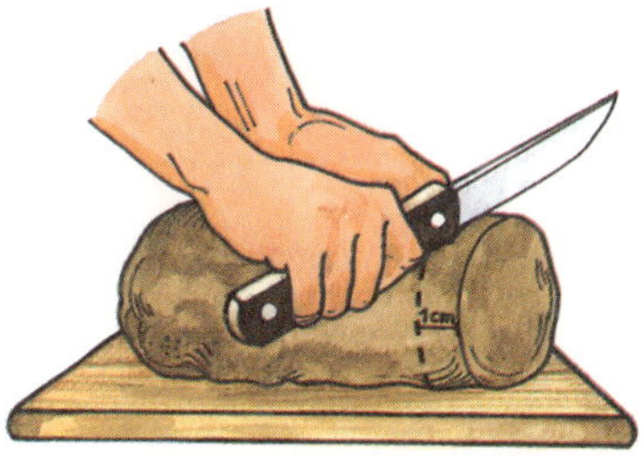

2. Die Scheibe Ton drücken wir nun mit den Händen, damit die Luftblasen in dem Ton entfernt werden. Denn das fertige Stück kann später durch Luftblasen beim Brennen kaputtgehen. Wir können den Ton auch mit beiden Händen auf das Holzbrett schlagen.

3. Wir legen unsere runde Tonscheibe auf das Holzbrett und formen mit den Fingern vorsichtig die Wände. An einer Seite ziehen wir eine Spitze für die Igelnase.

4. Jetzt tauchen wir unsere Finger in etwas Wasser und streichen unser Gefäß glatt.

5. Mit feuchten Fingern können wir auch die typische Igelform herausziehen. Für den Igelkopf drücken wir ein kleines Stück Ton in die Spitze und streichen es mit feuchten Fingern glatt. Die Nasenspitze drücken wir nun etwas nach oben.

6. Mit dem Schaschlikspieß bohren wir dem Igel zwei Augen ins Gesicht. Jetzt muß das Gefäß eine Woche trocknen, bevor es gebrannt wird.

7. Die Glasur rühren wir nach Packungsanweisung an. Danach muß der Igel aber nochmals gebrannt werden.

8. Zum Schluß füllen wir etwas Blumenerde in den Igel und säen Kressesamen darauf. Die Samen müssen immer schön feucht gehalten werden. Nach einigen Tagen sprießen die grünen Kresseblättchen, und wir können den Igel verschenken.

Salzteigbroschen

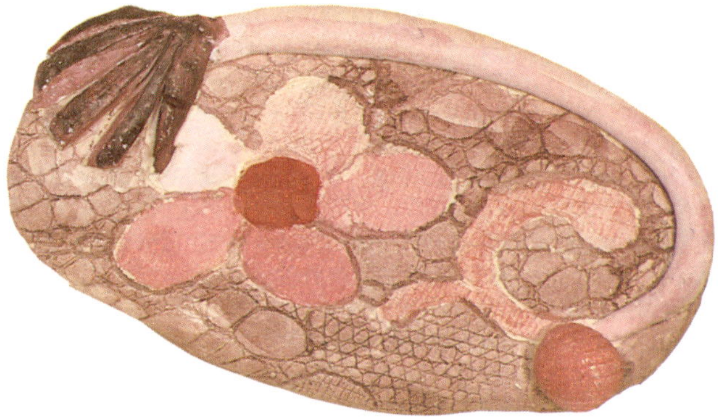

Welche Mutter freut sich nicht über so eine Brosche, die handgemacht ist und die es nirgends zu kaufen gibt? Anstatt einer Brosche kann aus dem Salzteig auch ein größeres Bild hergestellt werden. Dafür muß jedoch eine Aufhängung vorgesehen werden: ein oder zwei Löcher für ein Band oder einen Aufhänger ankleben.

Material:

- *150 g Mehl*
- *150 g Salz*
- *Wasser*
- *Schüssel*
- *verschiedene Spitzenreste aus Stoff*
- *Nudelholz*
- *kleines Messer*
- *Wasserfarben*
- *Pinsel*
- *Klarlack zum Sprühen (FCKW-frei)*
- *Bastelkleber*
- *kleine Anstecknadel (im Bastelgeschäft erhältlich)*

1. Aus dem Mehl und dem Salz und wenig Wasser kneten wir den Salzteig (siehe auch Seite 16). Er darf nicht an der Schüssel kleben.

2. Aus einem Teil des Teiges formen wir dann unsere Broschen-Grundformen: ein Oval, einen Kreis, ein Rechteck oder auch ein Quadrat.

3. Jetzt rollen wir mit dem Nudelholz einige kleine Salzteigstücke über die Spitzenreste aus Stoff. Dann ziehen wir die Spitze vorsichtig ab.

4. Mit einer Messerspitze schneiden wir aus dem so „bedruckten" Salzteig größere und kleine Flächen aus und legen sie je nach Belieben auf die Grundform der Brosche.

5. Wir ergänzen die Brosche, indem wir aus dem Salzteig kleine Kugeln, Würste und Plättchen formen, die wir auch auf die Brosche drücken.

6. Unser fertiges Gebilde wird bei 50 °C im Backofen 30 Minuten getrocknet.

7. Danach malen wir die Brosche mit Waserfarben bunt an. Ist die Farbe getrocknet, sprühen wir den FCKW-freien Klarlack auf. Zum Schluß kleben wir mit Alleskleber die Anstecknadel fest und lassen sie gut trocknen.

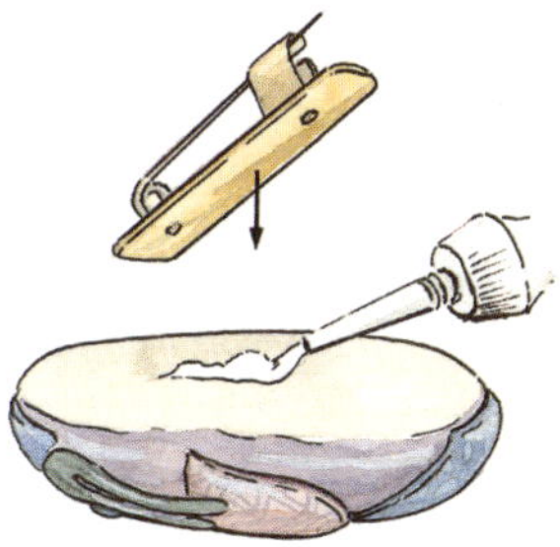

Maskeraden

für den Kopf

Faschingskleid aus Papiersäcken

Wenn Papiermüllsäcke nicht erhältlich sind, dürfen auf keinen Fall welche aus Plastik verwendet werden. Es droht Erstickungsgefahr! Große Papiersäcke bekommt man im Supermarkt.

Material:
- *2 Papiermüllsäcke*
- *Filzstift*
- *Schere*
- *alte Zeitungen*
- *Malkittel*
- *5 verschiedene Plakafarben*
- *dicker Pinsel*

1. Zuerst stülpt sich ein kleines Kind einen Papiersack über den Kopf. Ein größeres Kind oder ein Erwachsener markiert jetzt mit einem Filzstift, wo die Arm- und Augenlöcher eingeschnitten werden müssen.

2. Das Kind schlüpft wieder aus dem Sack heraus und man schneidet zwei Löcher für die Augen und seitlich zwei große Löcher für die Arme in unser Kostüm.

3. Nun decken wir unseren Arbeitsplatz mit alten Zeitungen ab und ziehen den Malkittel an. Wir legen die Vorderseite der Tüte vor uns hin und malen rund um die ausgeschnittenen Augen lange Wimpern, der rote Mund darf überdimensional groß sein. Die Nase – damit es recht komisch aussieht – winzig klein. Wir haben dem rechten Tütenkleid eine lange Krawatte auf den Bauch gemalt und das Gesicht mit leuchtenden günen Haaren umrahmt.

4. Wenn die Vorderseite getrocknet ist, können wir die Rückseite bemalen. Zum Schluß schneiden wir das „Kleid" unten fransig, damit wir uns gut bewegen können.

5. Das linke Tütenkleid gehört einem größeren Kind. Wir haben es mit geometrischen Mustern bemalt. Da der Kopf oben herausschaut, gehört zu dieser Verkleidung die Schachtelmaske von der gegenüberliegenden Seite.

Schachtelmaske

Wer diese gruselig-komische Maske auf seinem Kopf trägt, ist schon von weitem zu hören: die langen Ohrringe aus Kronkorken machen ein schepperndes Geräusch. Wenn wir uns zu dieser Schachtelmaske das linke Papierkleid der gegenüberliegenden Seite herstellen, besitzen wir ein sehr originelles Faschingskostüm.

Material:

- *1 Karton, der gut über den Kopf paßt*
- *Filzstifte*
- *Schere*
- *alte Zeitungen*
- *Malkittel*
- *Plakafarben*
- *dicker Pinsel*
- *Bastelkleber*
- *10 leere Toilettenpapierrollen*
- *2 flache Dosen oder runde Käseschachteln*
- *Wollreste*
- *ca. 60 Kronkorken*
- *Lochzange*
- *dünne Paketschnur*

1. Zuerst stülpen wir uns den Karton über den Kopf und zeigen einem anderen Kind oder einem Erwachsenen, wo unsere Augen sind. Diese werden mit Filzstift markiert. Wir nehmen die Schachtel vom Kopf und schneiden großzügig zwei runde oder eckige Löcher für die Augen in den Karton.

2. Mit Filzstift zeichnen wir am unteren Rand einen zackigen, großen Mund, den wir ausschneiden.

3. Wir decken unseren Arbeitsplatz ab und ziehen einen Malkittel an.

4. Mit den Plakafarben bemalen wir nun unsere Maske.

5. Jetzt malen wir die Papprollen bunt an und kleben sie turmartig auf unseren Pappkopf. Rechts und links kleben wir die Wollreste fest. Die beiden Dosen werden als Ohren rechts und links ebenfalls angeklebt.

6. Wir lochen die Kronkorken und ziehen sie auf eine dünne Paketschnur auf. Danach stechen wir mit der Schere zwei Löcher in die Kartonseiten, ziehen die Schnurenden der Ohrringe durch und verknoten die Schnur.

Papptellermasken

1. Wir legen unseren Arbeitsplatz mit alten Zeitungen aus und ziehen den Malkittel oder ein altes Herrenhemd an.

2. Die Rückseite der Pappteller wird mit Fingerfarben, Wasser- oder Plakafarben und Pinsel phantasievoll bemalt. Ein Gesicht erhält eine schwarze Brille und einen lachenden Mund. Der Chinese mit den schwarzen Haaren trägt eine grüne Nase und einen grünen Mund im Gesicht. Für einen schwarzen Afrikaner bestreichen wir den ganzen Teller mit dunkelbrauner Farbe. Nach dem Trocknen verschönern wir das Gesicht mit bunten Farben. Das Sonnengesicht bekommt eine orangerote Farbe, der Rand wird gelb. Der Pirat trägt natürlich eine Augenklappe und ist tagelang nicht rasiert. Schwarze Punkte deuten die Bartstoppeln an.

3. Die Löcher für Augen und Mund werden nach dem Trocknen der Masken ausgeschnitten.

Diese lustigen Papptellermasken können schon die Kleinsten herstellen. Nach der Faschingszeit hängen wir unsere Kunstwerke an die Wand. Wer möchte Pirat sein, wer der bärtige Chinese?

Material:
- ☞ *alte Zeitungen*
- ☞ *Malkittel*
- ☞ *5 runde, weiße Pappteller*
- ☞ *Fingerfarben*
- ☞ *Wasserfarben*
- ☞ *Plakafarben*
- ☞ *Pinsel*
- ☞ *Schere*
- ☞ *Stopfnadel*
- ☞ *Hutgummi*

4. Für den Hutgummi bohren wir mit der Stopfnadel rechts und links von der Maske kleine Löcher, ziehen das Gummi durch und verknoten es innen.

Bunte Faschingsbrillen

Nicht jedes Kind mag seinen ganzen Kopf hinter einer Faschingsmaske verstecken. Für solche Kinder gibt es diese lustigen Brillen. Sie bestehen aus Tonkarton und werden kunterbunt angemalt und verziert.

Material:

- *weißer oder bunter Fotokarton (32 x 7 cm)*
- *Pauspapier*
- *Bleistift*
- *Schere und Nagelschere*
- *Wasserfarben*
- *Pinsel*
- *Bastelkleber*
- *Knöpfe*
- *Federn*
- *Glitzersternchen*

1. Wir legen den Karton einmal mit der breiten Seite zusammen. Mit Pauspapier und Bleistift übertragen wir die Brillenhälfte (Abpausvorlage siehe Seite 189) auf den Karton. Dabei muß die gestrichelte Linie genau am Knick liegen, der auch nicht durchgeschnitten werden darf.

2. Jetzt schneiden wir die Brillenhälfte doppelt aus – und vor uns liegt die Brillengrundform. Mit einer kleinen Nagelschere können wir den inneren Kreis ganz glatt ausschneiden.

3. Nun bemalen wir unsere Brille nach Lust und Laune. Wir können sie mit Glitzersternchen, Federn, kleinen Knöpfen, Wollfäden, Naturwolle usw. versehen.

Vogelmasken aus Eierkarton

Mit wenig Aufwand lassen sich diese zwei Vogelmasken aus Eierkartons basteln. Je nach eigenen Vorstellungen kann jeder seine Maske bunt anmalen und mit Kreppapierstreifen, Papierschlangen, Wollresten, aufgereihten Korken und Kronkorken dekorieren.

Material:

- *1 Eierkarton für 6 – 10 Eier*
- *Schere*
- *Wasserfarben*
- *Pinsel*
- *Klarlack zum Sprühen (FCKW-frei)*
- *braune Tonpapierreste*
- *Lineal, Bleistift*
- *Kreppapierrest*
- *Bastelkleber*
- *Hutgummi*

Eule

1. Zunächst trennen wir von dem Eierkarton den Deckel ab, den wir nicht brauchen. Danach schneiden wir mit der Schere außen liegende Eierfächer ab. Wir führen die Schere genau mitten über die Erhebungen, die das erste Paar von dem zweiten Paar Eierfächer trennen.

2. Jetzt schneiden wir die Erhebungen so zurück, daß in der Mitte eine Schnabelspitze stehen bleibt. Dann schneiden wir die Form gleichmäßig rund und biegen die Schnabelspitze an der gestrichelten Linie vorsichtig auf die andere Seite. Drehen wir jetzt den zugeschnittenen Karton um, sehen wir zwei Eulenaugen und noch einen Schnabel.

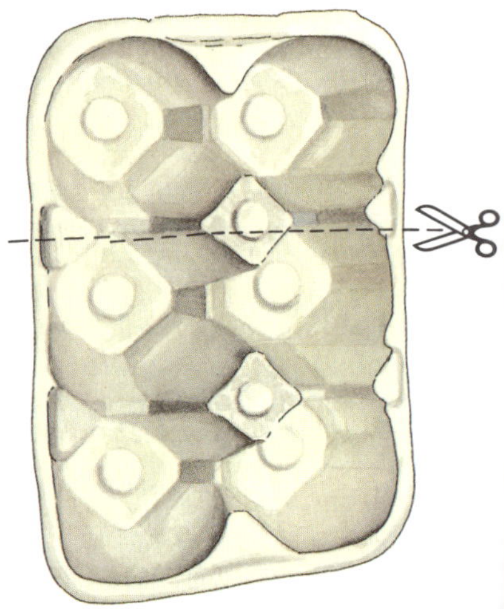

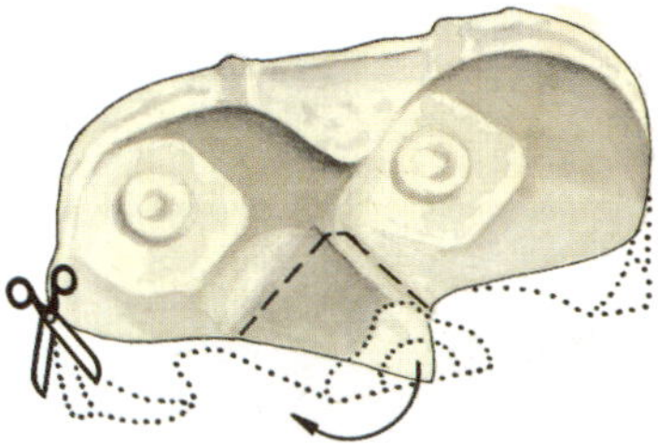

3. In die Augenerhebungen schneiden wir zwei Löcher zum Durchschauen hinein.

4. Mit verschiedenen Brauntönen bemalen wir die Eulenmaske, damit sie dem Gefieder des Vogels ähnelt. Wenn diese Farbe getrocknet ist, betonen wir die Augen mit schwarzen Strichen und malen auch den Schnabel schwarz an.

5. Wenn die Farbe getrocknet ist, besprühen wir die Maske mit FCKW-freiem Klarlack.

6. Für die Federbüschel zeichnen wir mit Lineal und Bleistift auf das Tonpapier acht 1 x 5 cm lange Felder auf, schneiden sie aus und schneiden sie wiederum von der Seite in schmale Fransen. Jeweils vier Streifen kleben wir über die Augen von hinten an den oberen Maskenrand.

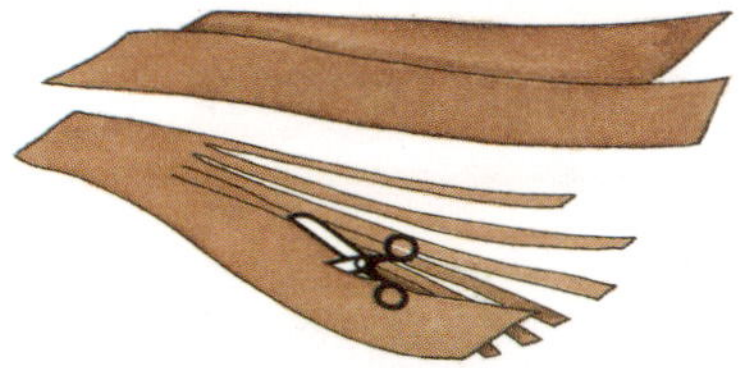

7. Zum Schluß stechen wir rechts und links zwei keine Löcher in die Maske und ziehen den Hutgummi durch. Der Gummi wird auf beiden Seiten innen verknotet.

Paradiesvogel

1. Von unserem Eierkarton schneiden wir für diesen bunten Paradiesvogel vier Eierfächer ab.

2. Jetzt schneiden wir den unteren Rand derart weit zurück, daß die Zwischenwand zwischen den unteren beiden Eierfächern herausgetrennt ist. Die mittlere Erhebung muß jedoch unversehrt stehenbleiben. Denn das ist unser Schnabel.

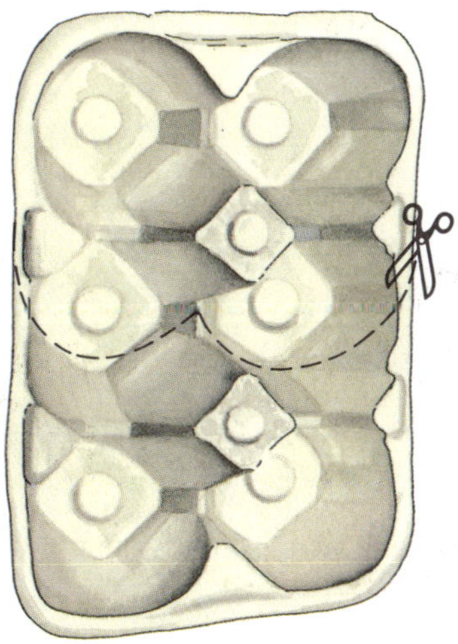

3. Drehen wir den Karton jetzt um, haben wir zwei Augen und den Schnabel vor uns. In die Augen schneiden wir zwei Löcher zum Durchschauen.

4. Die vier Eierfächer werden blau angemalt, die Außenkante grün, wie der Schnabel, nur die Schnabelspitze erhält einen violetten oder dunklen Blauton. Die Rückseite bemalen wir rot und gelb. Nach dem Trocknen wird die Maske mit FCKW-freiem Klarlack besprüht.

5. Aus dem Kreppapierrest falten wir einen kleinen Fächer und kleben ihn von hinten in die Mitte über die Augen.

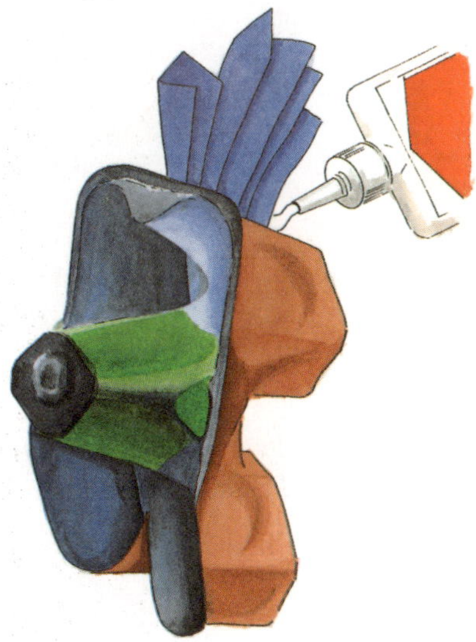

6. Zum Schluß bohren wir wieder zwei Löcher in die Maske, ziehen den Hutgummi durch und verknoten ihn auf beiden Seiten innen.

Blütenkranz aus Kreppapier

Welches kleine Mädchen möchte sich nicht mit einem solchen schönen Blütenkranz schmücken? Wir können ihn für ein Kinderfaschings-, aber auch für ein Sommerfest benutzen. Etwas schwieriger ist der Kranz herzustellen, an dem die Blüten festgeklammert sind. Da hilft sicherlich ein älteres Kind oder ein Erwachsener.

Material:

- ☞ *Zirkel*
- ☞ *Schere*
- ☞ *grünes Tonpapier (30 x 30 cm)*
- ☞ *Lineal*
- ☞ *Kreppapier in 5 Farben*
- ☞ *Hefter*
- ☞ *Fünfmarkstück*
- ☞ *verschiedenfarbige Buntpapierreste*
- ☞ *Bastelkleber*
- ☞ *Lochzange*
- ☞ *Hutgummi*

1. Für den Kranz zeichnen wir mit dem Zirkel einen Kreis von etwa 26,5 cm Durchmesser auf das Tonpapier. In diesen großen Kreis zeichnen wir einen kleinen Kreis mit 17 cm Durchmesser. Soll die Außenkante einer Blüte ähneln, zeichnen wir mit Hilfe des Zirkels Halbkreise (4,5 cm Durchmesser), die wir zuerst ausschneiden.

2. Mit der Schere bohren wir in den inneren Kreis ein Loch, stecken die Schere hinein und schneiden bis zur Markierungslinie. So können wir leichter den Innenkreis ausschneiden.

3. Für unsere zehn Blüten brauchen wir in verschiedenen Farben zehn 5 cm breite und 30 cm lange Kreppapierstreifen.

4. Jetzt schneiden wir in jeden Streifen mit einer Schere kleine Zacken und Bögen. Der Papierstreifen darf aber nicht durchgeschnitten werden.

5. Wir legen jeden einzelnen Streifen in der Hand zu einer Blüte und zwicken sie mit dem Hefter zwei- bis dreimal zusammen, damit sie nicht auseinanderfällt.

6. Haben wir alle zehn Blüten fertig gemacht, zwicken wir sie mit dem Hefter gleichmäßig an den grünen Kranz.

7. Nun legen wir das Fünfmarkstück auf einen Buntpapierrest, zeichnen mit einem Bleistift die Konturen nach und schneiden den Kreis aus. Insgesamt brauchen wir zehn Fünfmarkkreise in verschiedenen Farben.

8. Mit Klebstoff fixieren wir jeden Kreis in der Mitte einer Blüte. Die Heftklammern sind somit nicht mehr zu sehen.

9. Rechts und links am Blütenkranz knipsen wir mit der Lochzange ein Loch und ziehen den Hutgummi durch. Es soll am Hinterkopf von Ohr zu Ohr reichen. Das Gummi verknoten wir innen. Besonders hübsch sieht aus, wenn die Blüten zum Kleid passen.

Indianerschmuck aus Papier und Federn

Ein richtiger Indianer trägt einen unverwechselbaren bunten Federschmuck. Jeder von euch kann nun seinen Kopfschmuck nach eigenen Ideen gestalten – mit echten Federn oder mit bunten Papierfedern.

Material

- *Wellpappe*
- *Lineal*
- *Bleistift*
- *Schere*
- *Finger- oder Plakafarben*
- *Pinsel*
- *bunte Federn*
- *Hefter*
- *Pauspapier*
- *bunte Tonpapierreste*
- *ca. 30 Peddigrohrstücke (8 cm lang)*
- *Bastelkleber*

1. Mit Lineal und Bleistift skizzieren wir auf der Wellpappe einen 110 cm langen und 4,5 cm breiten Streifen, den wir ausschneiden.

2. Jeder zukünftige Indianer bemalt den Pappstreifen auf der glatten oder gewellten Seite mit bunten Zacken, Linien und Punkten, dafür verwenden wir Finger- oder Plakafarben.

3. Weil Federn Fett enthalten, können wir sie nicht bunt anmalen, deshalb kaufen wir unsere bunten Federn im Bastelgeschäft.

4. Danach legen wir uns den bemalten Wellpappestreifen so um den Kopf, daß ein langes Ende hinten herunterhängt. Der Streifen wird mit dem Hefter zusammengeklammert.

5. Zum Schluß werden die gefärbten Federn mit etwas Klebstoff in die Wellpappelöcher gesteckt.

6. Für die Papierfedern übertragen wir die beiden Vorlagen mit Pauspapier und Bleistift auf das bunte Tonpapier und schneiden die Teile aus.

7. Wir knicken jede Feder genau in der Mitte und schneiden sie fransig bis fast zur Mitte ein. Danach kleben wir die Peddigrohrstücke als Federkiele in den Falz und stekken unsere bunten Papierfedern in die Wellpappelöcher.

Abpausvorlagen

kleine Feder

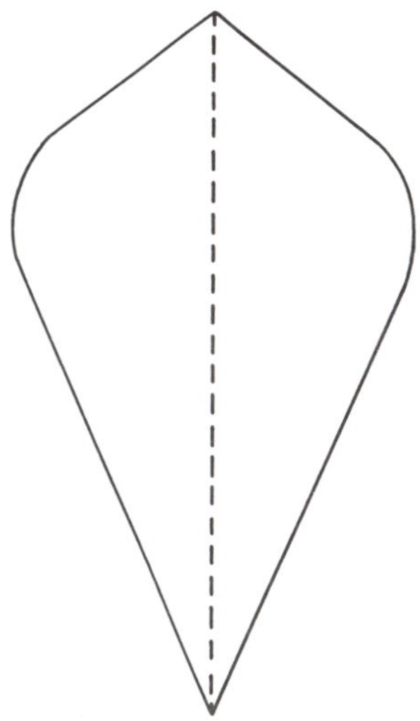

große Feder

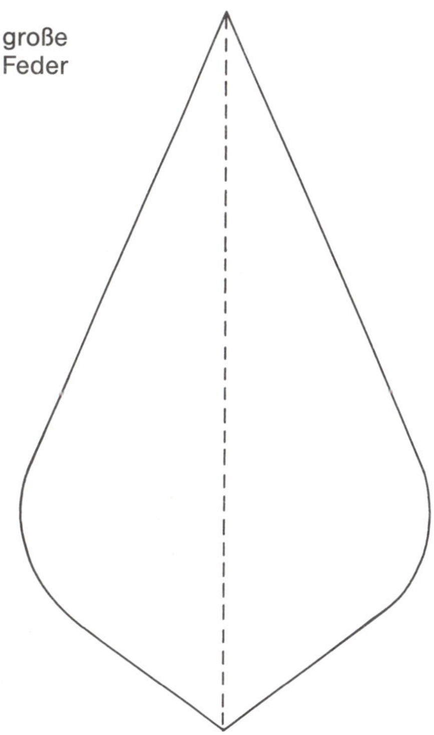

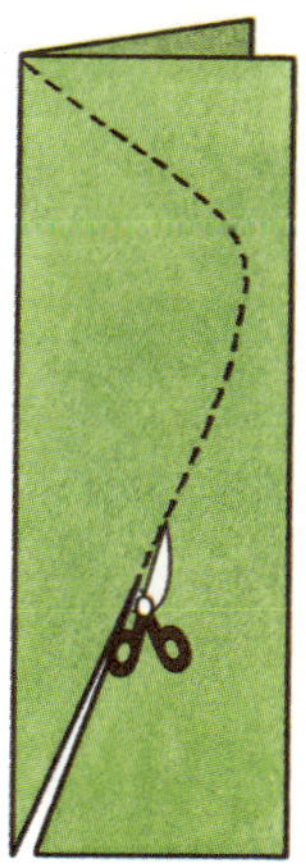

Spielsachen

für den Kopf

Faschingskleid aus Papiersäcken

Wenn Papiermüllsäcke nicht erhältlich sind, dürfen auf keinen Fall welche aus Plastik verwendet werden. Es droht Erstickungsgefahr! Große Papiersäcke bekommt man im Supermarkt.

Material:
☞ *2 Papiermüllsäcke*
☞ *Filzstift*
☞ *Schere*
☞ *alte Zeitungen*
☞ *Malkittel*
☞ *5 verschiedene Plakafarben*
☞ *dicker Pinsel*

1. Zuerst stülpt sich ein kleines Kind einen Papiersack über den Kopf. Ein größeres Kind oder ein Erwachsener markiert jetzt mit einem Filzstift, wo die Arm- und Augenlöcher eingeschnitten werden müssen.

2. Das Kind schlüpft wieder aus dem Sack heraus und man schneidet zwei Löcher für die Augen und seitlich zwei große Löcher für die Arme in unser Kostüm.

3. Nun decken wir unseren Arbeitsplatz mit alten Zeitungen ab und ziehen den Malkittel an. Wir legen die Vorderseite der Tüte vor uns hin und malen rund um die ausgeschnittenen Augen lange Wimpern, der rote Mund darf überdimensional groß sein. Die Nase – damit es recht komisch aussieht – winzig klein. Wir haben dem rechten Tütenkleid eine lange Krawatte auf den Bauch gemalt und das Gesicht mit leuchtenden günen Haaren umrahmt.

4. Wenn die Vorderseite getrocknet ist, können wir die Rückseite bemalen. Zum Schluß schneiden wir das „Kleid" unten fransig, damit wir uns gut bewegen können.

5. Das linke Tütenkleid gehört einem größeren Kind. Wir haben es mit geometrischen Mustern bemalt. Da der Kopf oben herausschaut, gehört zu dieser Verkleidung die Schachtelmaske von der gegenüberliegenden Seite.

Schachtelmaske

Wer diese gruselig-komische Maske auf seinem Kopf trägt, ist schon von weitem zu hören: die langen Ohrringe aus Kronkorken machen ein schepperndes Geräusch. Wenn wir uns zu dieser Schachtelmaske das linke Papierkleid der gegenüberliegenden Seite herstellen, besitzen wir ein sehr originelles Faschingskostüm.

Material:

- *1 Karton, der gut über den Kopf paßt*
- *Filzstifte*
- *Schere*
- *alte Zeitungen*
- *Malkittel*
- *Plakafarben*
- *dicker Pinsel*
- *Bastelkleber*
- *10 leere Toilettenpapierrollen*
- *2 flache Dosen oder runde Käseschachteln*
- *Wollreste*
- *ca. 60 Kronkorken*
- *Lochzange*
- *dünne Paketschnur*

1. Zuerst stülpen wir uns den Karton über den Kopf und zeigen einem anderen Kind oder einem Erwachsenen, wo unsere Augen sind. Diese werden mit Filzstift markiert. Wir nehmen die Schachtel vom Kopf und schneiden großzügig zwei runde oder eckige Löcher für die Augen in den Karton.

2. Mit Filzstift zeichnen wir am unteren Rand einen zackigen, großen Mund, den wir ausschneiden.

3. Wir decken unseren Arbeitsplatz ab und ziehen einen Malkittel an.

4. Mit den Plakafarben bemalen wir nun unsere Maske.

5. Jetzt malen wir die Papprollen bunt an und kleben sie turmartig auf unseren Pappkopf. Rechts und links kleben wir die Wollreste fest. Die beiden Dosen werden als Ohren rechts und links ebenfalls angeklebt.

6. Wir lochen die Kronkorken und ziehen sie auf eine dünne Paketschnur auf. Danach stechen wir mit der Schere zwei Löcher in die Kartonseiten, ziehen die Schnurenden der Ohrringe durch und verknoten die Schnur.

Papptellermasken

1. Wir legen unseren Arbeitsplatz mit alten Zeitungen aus und ziehen den Malkittel oder ein altes Herrenhemd an.

2. Die Rückseite der Pappteller wird mit Fingerfarben, Wasser- oder Plakafarben und Pinsel phantasievoll bemalt. Ein Gesicht erhält eine schwarze Brille und einen lachenden Mund. Der Chinese mit den schwarzen Haaren trägt eine grüne Nase und einen grünen Mund im Gesicht. Für einen schwarzen Afrikaner bestreichen wir den ganzen Teller mit dunkelbrauner Farbe. Nach dem Trocknen verschönern wir das Gesicht mit bunten Farben. Das Sonnengesicht bekommt eine orangerote Farbe, der Rand wird gelb. Der Pirat trägt natürlich eine Augenklappe und ist tagelang nicht rasiert. Schwarze Punkte deuten die Bartstoppeln an.

3. Die Löcher für Augen und Mund werden nach dem Trocknen der Masken ausgeschnitten.

4. Für den Hutgummi bohren wir mit der Stopfnadel rechts und links von der Maske kleine Löcher, ziehen das Gummi durch und verknoten es innen.

Diese lustigen Papptellermasken können schon die Kleinsten herstellen. Nach der Faschingszeit hängen wir unsere Kunstwerke an die Wand. Wer möchte Pirat sein, wer der bärtige Chinese?

Material:
- *alte Zeitungen*
- *Malkittel*
- *5 runde, weiße Pappteller*
- *Fingerfarben*
- *Wasserfarben*
- *Plakafarben*
- *Pinsel*
- *Schere*
- *Stopfnadel*
- *Hutgummi*

Bunte Faschingsbrillen

Nicht jedes Kind mag seinen ganzen Kopf hinter einer Faschingsmaske verstecken. Für solche Kinder gibt es diese lustigen Brillen. Sie bestehen aus Tonkarton und werden kunterbunt angemalt und verziert.

Material:
- *weißer oder bunter Fotokarton (32 x 7 cm)*
- *Pauspapier*
- *Bleistift*
- *Schere und Nagelschere*
- *Wasserfarben*
- *Pinsel*
- *Bastelkleber*
- *Knöpfe*
- *Federn*
- *Glitzersternchen*

1. Wir legen den Karton einmal mit der breiten Seite zusammen. Mit Pauspapier und Bleistift übertragen wir die Brillenhälfte (Abpausvorlage siehe Seite 189) auf den Karton. Dabei muß die gestrichelte Linie genau am Knick liegen, der auch nicht durchgeschnitten werden darf.

2. Jetzt schneiden wir die Brillenhälfte doppelt aus – und vor uns liegt die Brillengrundform. Mit einer kleinen Nagelschere können wir den inneren Kreis ganz glatt ausschneiden.

3. Nun bemalen wir unsere Brille nach Lust und Laune. Wir können sie mit Glitzersternchen, Federn, kleinen Knöpfen, Wollfäden, Naturwolle usw. versehen.

Vogelmasken aus Eierkarton

Mit wenig Aufwand lassen sich diese zwei Vogelmasken aus Eierkartons basteln. Je nach eigenen Vorstellungen kann jeder seine Maske bunt anmalen und mit Kreppapierstreifen, Papierschlangen, Wollresten, aufgereihten Korken und Kronkorken dekorieren.

Material:

- *1 Eierkarton für 6 – 10 Eier*
- *Schere*
- *Wasserfarben*
- *Pinsel*
- *Klarlack zum Sprühen (FCKW-frei)*
- *braune Tonpapierreste*
- *Lineal, Bleistift*
- *Kreppapierrest*
- *Bastelkleber*
- *Hutgummi*

Eule

1. Zunächst trennen wir von dem Eierkarton den Deckel ab, den wir nicht brauchen. Danach schneiden wir mit der Schere außen liegende Eierfächer ab. Wir führen die Schere genau mitten über die Erhebungen, die das erste Paar von dem zweiten Paar Eierfächer trennen.

2. Jetzt schneiden wir die Erhebungen so zurück, daß in der Mitte eine Schnabelspitze stehen bleibt. Dann schneiden wir die Form gleichmäßig rund und biegen die Schnabelspitze an der gestrichelten Linie vorsichtig auf die andere Seite. Drehen wir jetzt den zugeschnittenen Karton um, sehen wir zwei Eulenaugen und noch einen Schnabel.

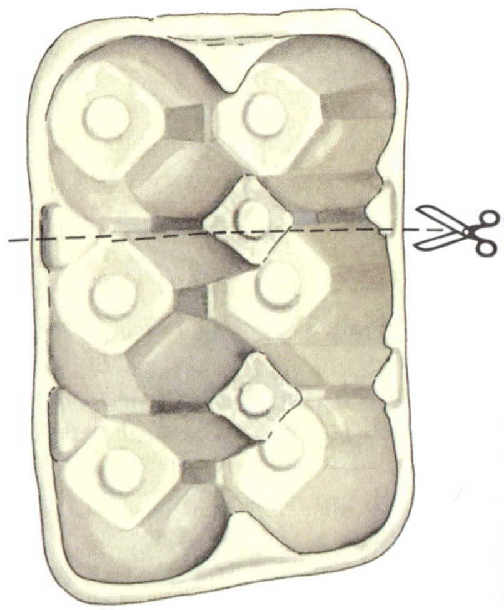

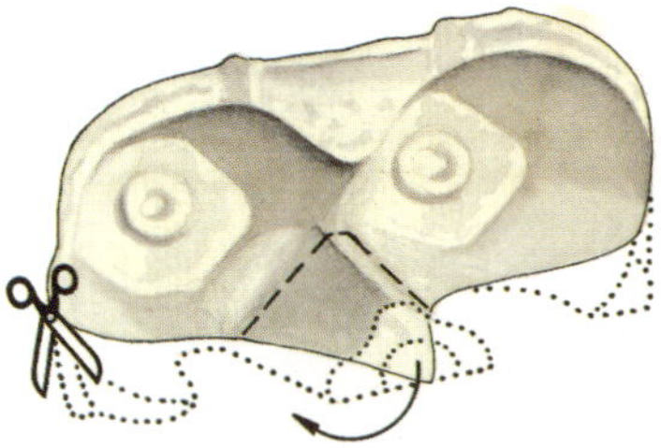

3. In die Augenerhebungen schneiden wir zwei Löcher zum Durchschauen hinein.

4. Mit verschiedenen Brauntönen bemalen wir die Eulenmaske, damit sie dem Gefieder des Vogels ähnelt. Wenn diese Farbe getrocknet ist, betonen wir die Augen mit schwarzen Strichen und malen auch den Schnabel schwarz an.

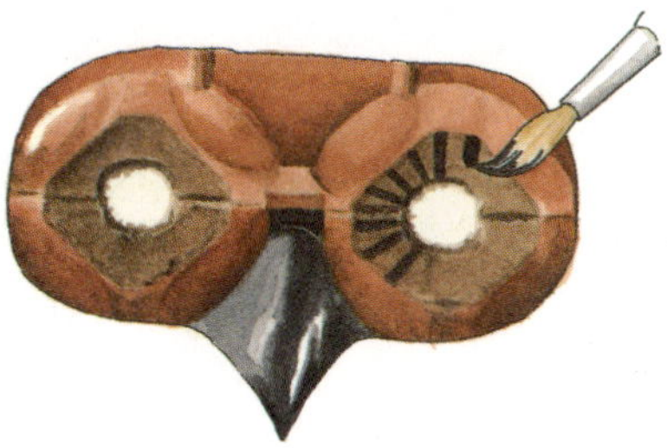

5. Wenn die Farbe getrocknet ist, besprühen wir die Maske mit FCKW-freiem Klarlack.

6. Für die Ferderbüschel zeichnen wir mit Lineal und Bleistift auf das Tonpapier acht 1 x 5 cm lange Felder auf, schneiden sie aus und schneiden sie wiederum von der Seite in schmale Fransen. Jeweils vier Streifen kleben wir über die Augen von hinten an den oberen Maskenrand.

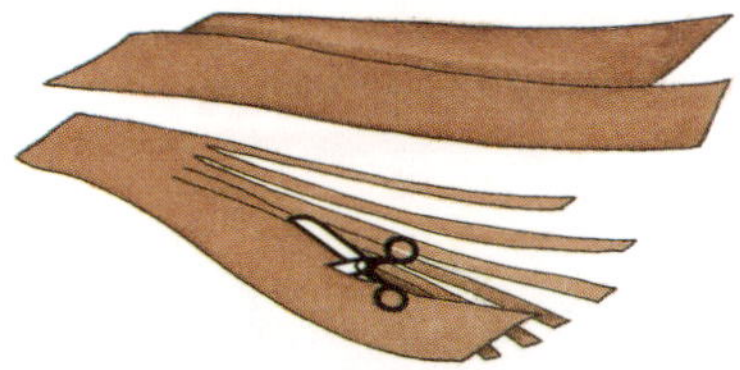

7. Zum Schluß stechen wir rechts und links zwei keine Löcher in die Maske und ziehen den Hutgummi durch. Der Gummi wird auf beiden Seiten innen verknotet.

Paradiesvogel

1. Von unserem Eierkarton schneiden wir für diesen bunten Paradiesvogel vier Eierfächer ab.

2. Jetzt schneiden wir den unteren Rand derart weit zurück, daß die Zwischenwand zwischen den unteren beiden Eierfächern herausgetrennt ist. Die mittlere Erhebung muß jedoch unversehrt stehenbleiben. Denn das ist unser Schnabel.

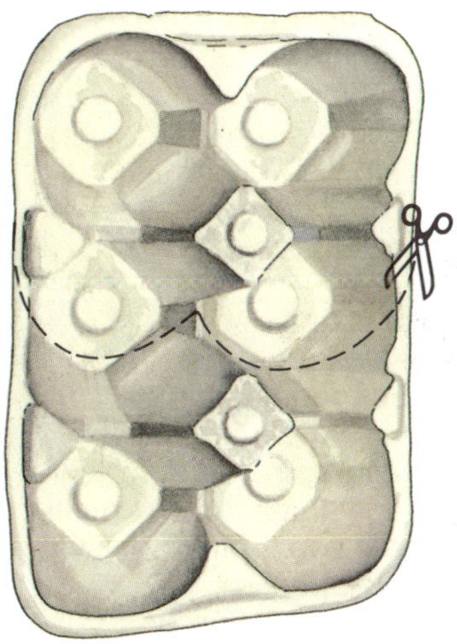

3. Drehen wir den Karton jetzt um, haben wir zwei Augen und den Schnabel vor uns. In die Augen schneiden wir zwei Löcher zum Durchschauen.

4. Die vier Eierfächer werden blau angemalt, die Außenkante grün, wie der Schnabel, nur die Schnabelspitze erhält einen violetten oder dunklen Blauton. Die Rückseite bemalen wir rot und gelb. Nach dem Trocknen wird die Maske mit FCKW-freiem Klarlack besprüht.

5. Aus dem Kreppapierrest falten wir einen kleinen Fächer und kleben ihn von hinten in die Mitte über die Augen.

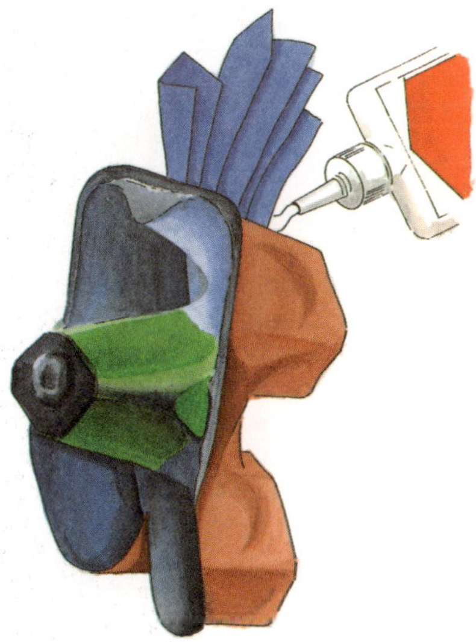

6. Zum Schluß bohren wir wieder zwei Löcher in die Maske, ziehen den Hutgummi durch und verknoten ihn auf beiden Seiten innen.

Blütenkranz aus Kreppapier

Welches kleine Mädchen möchte sich nicht mit einem solchen schönen Blütenkranz schmücken? Wir können ihn für ein Kinderfaschings-, aber auch für ein Sommerfest benutzen. Etwas schwieriger ist der Kranz herzustellen, an dem die Blüten festgeklammert sind. Da hilft sicherlich ein älteres Kind oder ein Erwachsener.

Material:

- *Zirkel*
- *Schere*
- *grünes Tonpapier (30 x 30 cm)*
- *Lineal*
- *Kreppapier in 5 Farben*
- *Hefter*
- *Fünfmarkstück*
- *verschiedenfarbige Buntpapierreste*
- *Bastelkleber*
- *Lochzange*
- *Hutgummi*

1. Für den Kranz zeichnen wir mit dem Zirkel einen Kreis von etwa 26,5 cm Durchmesser auf das Tonpapier. In diesen großen Kreis zeichnen wir einen kleinen Kreis mit 17 cm Durchmesser. Soll die Außenkante einer Blüte ähneln, zeichnen wir mit Hilfe des Zirkels Halbkreise (4,5 cm Durchmesser), die wir zuerst ausschneiden.

2. Mit der Schere bohren wir in den inneren Kreis ein Loch, stecken die Schere hinein und schneiden bis zur Markierungslinie. So können wir leichter den Innenkreis ausschneiden.

3. Für unsere zehn Blüten brauchen wir in verschiedenen Farben zehn 5 cm breite und 30 cm lange Kreppapierstreifen.

4. Jetzt schneiden wir in jeden Streifen mit einer Schere kleine Zacken und Bögen. Der Papierstreifen darf aber nicht durchgeschnitten werden.

5. Wir legen jeden einzelnen Streifen in der Hand zu einer Blüte und zwicken sie mit dem Hefter zwei- bis dreimal zusammen, damit sie nicht auseinanderfällt.

6. Haben wir alle zehn Blüten fertig gemacht, zwicken wir sie mit dem Hefter gleichmäßig an den grünen Kranz.

7. Nun legen wir das Fünfmarkstück auf einen Buntpapierrest, zeichnen mit einem Bleistift die Konturen nach und schneiden den Kreis aus. Insgesamt brauchen wir zehn Fünfmarkkreise in verschiedenen Farben.

8. Mit Klebstoff fixieren wir jeden Kreis in der Mitte einer Blüte. Die Heftklammern sind somit nicht mehr zu sehen.

9. Rechts und links am Blütenkranz knipsen wir mit der Lochzange ein Loch und ziehen den Hutgummi durch. Es soll am Hinterkopf von Ohr zu Ohr reichen. Das Gummi verknoten wir innen. Besonders hübsch sieht aus, wenn die Blüten zum Kleid passen.

Indianerschmuck aus Papier und Federn

Ein richtiger Indianer trägt einen unverwechselbaren bunten Federschmuck. Jeder von euch kann nun seinen Kopfschmuck nach eigenen Ideen gestalten – mit echten Federn oder mit bunten Papierfedern.

Material

- *Wellpappe*
- *Lineal*
- *Bleistift*
- *Schere*
- *Finger- oder Plakafarben*
- *Pinsel*
- *bunte Federn*
- *Hefter*
- *Pauspapier*
- *bunte Tonpapierreste*
- *ca. 30 Peddigrohrstücke (8 cm lang)*
- *Bastelkleber*

1. Mit Lineal und Bleistift skizzieren wir auf der Wellpappe einen 110 cm langen und 4,5 cm breiten Streifen, den wir ausschneiden.

2. Jeder zukünftige Indianer bemalt den Pappstreifen auf der glatten oder gewellten Seite mit bunten Zacken, Linien und Punkten, dafür verwenden wir Finger- oder Plakafarben.

3. Weil Federn Fett enthalten, können wir sie nicht bunt anmalen, deshalb kaufen wir unsere bunten Federn im Bastelgeschäft.

4. Danach legen wir uns den bemalten Wellpappestreifen so um den Kopf, daß ein langes Ende hinten herunterhängt. Der Streifen wird mit dem Hefter zusammengeklammert.

5. Zum Schluß werden die gefärbten Federn mit etwas Klebstoff in die Wellpappelöcher gesteckt.

6. Für die Papierfedern übertragen wir die beiden Vorlagen mit Pauspapier und Bleistift auf das bunte Tonpapier und schneiden die Teile aus.

7. Wir knicken jede Feder genau in der Mitte und schneiden sie fransig bis fast zur Mitte ein. Danach kleben wir die Peddigrohrstücke als Federkiele in den Falz und stekken unsere bunten Papierfedern in die Wellpappelöcher.

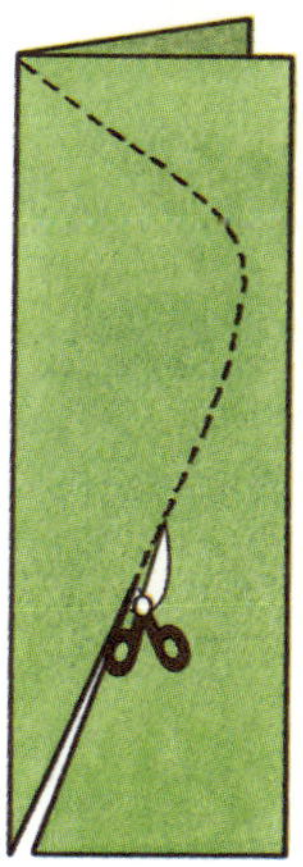

Abpausvorlagen

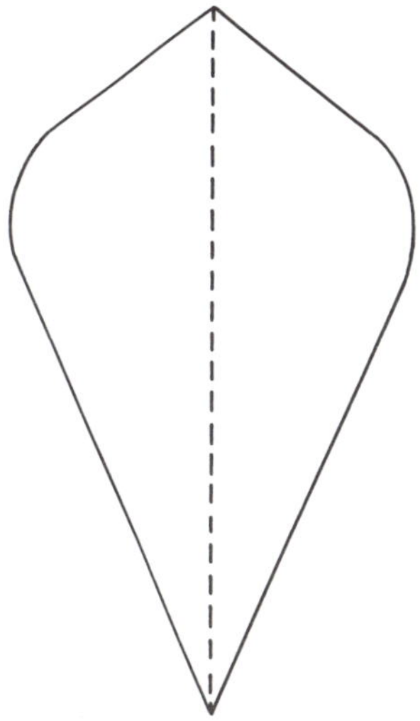

kleine Feder

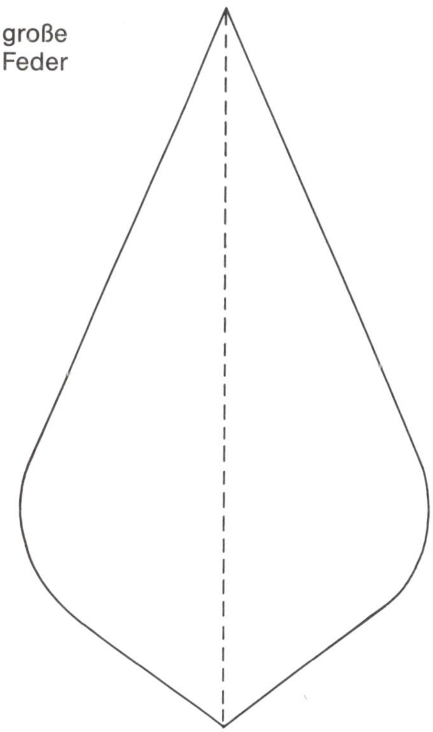

große Feder

Spielsachen

1. Mit der Zange fassen wir die Nadel am Nadelöhr und erhitzen die Spitze über der Kerzenflamme. Nun brennen wir mit der heißen Nadel zwei Löcher in den Joghurtbecher. Diese beiden Vorgänge sollten wir möglichst von Erwachsenen ausführen lassen oder zumindest unter deren Beaufsichtigung. Die Löcher sollten sich gleich am unteren Becherrand befinden und sich gegenüberliegen. Durch sie ziehen wir den dünnen Draht, wikkeln die Enden ein paarmal herum und erhalten so einen Henkel.

2. Etwa doppelt so hoch wie den Becher schneiden wir das Kreppapier zu, in der Breite sollte es ungefähr 25 cm haben. Den Becher bestreichen wir jetzt mit Bastelkleber und wickeln das Papier um ihn herum. Da der Becherboden nach unten hin schmaler wird, müssen wir das Kreppapier unten etwas raffen und übereinanderkleben.

3. Wo der Draht aus dem Becher herauskommt, schneiden wir das Kreppapier von oben bis zum Becherrand mit der Schere auf.

4. Wir können den Becher nun mit Süßigkeiten oder kleinen Spielsachen füllen. Dann schließen wir ihn, indem wir das Kreppapier über den Becherrand nach innen drükken. So kann niemand mehr sehen, was in dem Körbchen drin ist.

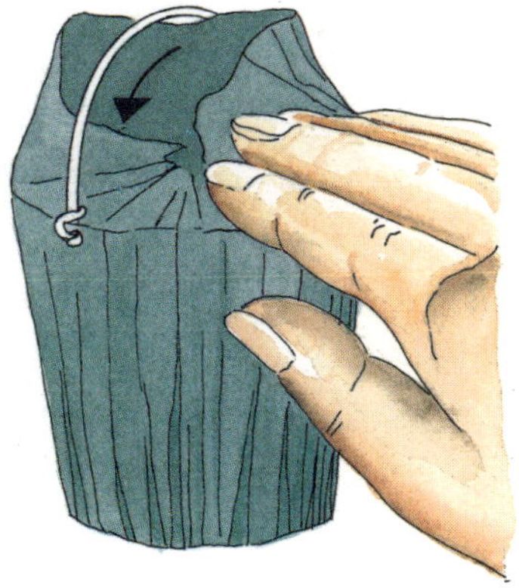

5. Die Angel stellen wir aus dem Stock und der Schnur her. Wir wikkeln das eine Ende der Schnur oben um den Stock. Am anderen Ende befestigen wir den Haken.

Spielregel

Für das Spiel brauchen wir für jedes Kind ein gefülltes Angelkörbchen. Diese werden dann in einen Karton oder eine Kiste gestellt, und immer vier Kinder versuchen zur gleichen Zeit, sich eines der Körbchen herauszuangeln. Da die Schnur recht lang und widerspenstig ist, ist das gar nicht so einfach!

Sockentiere

Wer hat zu Hause keine alte Socke, der das passende Gegenstück auf merkwürdige Art und Weise abhanden gekommen ist? Die übriggebliebene Socke braucht man aber nicht wegzuschmeißen, denn mit Hilfe von Stoff- und Wollresten, Filz, Perlen und Knöpfen lassen sich wunderbar wilde Sockentiere basteln.

Material:

☞ *1 alte Socke*
☞ *1 Stück Karton (ca. DIN-A4-Format)*
☞ *Bleistift*
☞ *Schere*
☞ *Bastelkleber*
☞ *2 Wattekugeln à 3 cm Durchmesser*
☞ *20 Holzperlen*
☞ *2 Knöpfe*
☞ *Wollreste*
☞ *Filzreste*

1. Zunächst ziehen wir die Socke an und stellen den Fuß auf den Karton. Der Umriß des Fußes wird mit Bleistift nachgezogen. Nun nehmen wir den Fuß vom Karton und begradigen ihn etwas, so daß wir ein langes Oval erhalten.

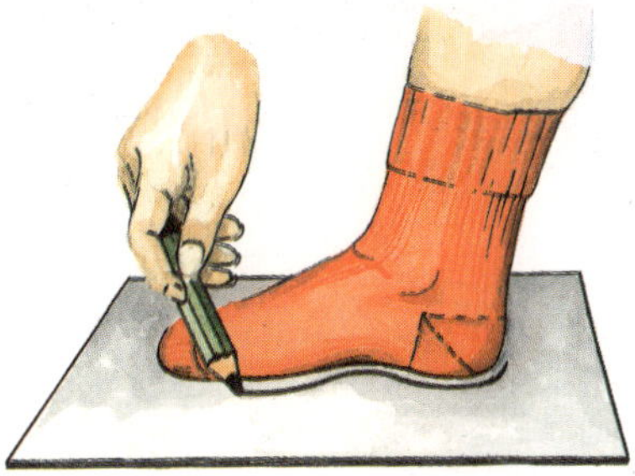

2. Diese Kartonsohle schneiden wir jetzt aus.

3. Dann falten wir sie einmal zusammen, so daß in der Mitte ein Knick entsteht.

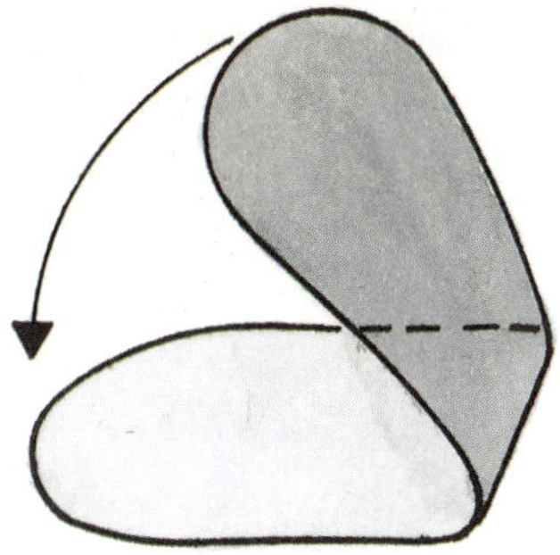

4. Nachdem wir die Socke nach links gezogen haben, kleben wir die Kartonsohle auf die Sohle der Socke. Sobald der Klebstoff getrocknet ist, drehen wir die Socke wieder nach rechts.

5. Jetzt können wir mit der Hand in unser Sockentier hineinschlüpfen und mit den Fingern das eben entstandene Maul bewegen.

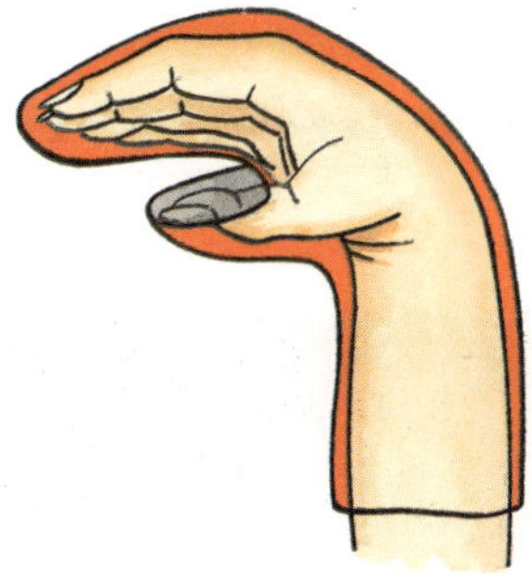

6. Dem Sockentier müssen wir nun noch ein unverwechselbares Aussehen geben, und zwar durch das Aufkleben und Annähen von Augen, Zähnen, Haaren usw. Jeder kann dabei nach seinen eigenen Vorstellungen arbeiten.

7. Das Sockentier auf dem Foto wurde so gestaltet: Die Augen sind zwei mit schwarzer Wasserfarbe bemalte Wattekugeln, die aufgeklebt wurden. Als Haare und Bart wurden einige Wollfäden durch die Socke gezogen und verknotet. Zwei aufgenähte Knöpfe sind die Nasenlöcher. Filz und Wollreste bilden das Maul, kleine Perlen die Zähne. Und aus einem Filzrest entstand die Zunge.

8. Die Abbildung unten zeigt eine andere Variante des Sockentiers.

Gesichterwurfspiel

Diese beiden Gesichter sind kinderleicht herzustellen und können bei vielen Festen als Wurfspiel verwendet werden.

Material:
- *2 runde Bierdeckel*
- *weißes Papier*
- *Bleistift*
- *Bunt- oder Filzstifte*
- *Kreppapier*
- *Schere*
- *Bastelkleber*

1. Für die runden Gesichter brauchen wir zwei Bierdeckel. Davon nehmen wir einen und legen ihn auf das weiße Papier. Dann ziehen wir mit Bleistift den Umriß nach. Das gleiche machen wir noch einmal. Auf die beiden Kreise zeichnen wir nun je ein lachendes und ein weinendes Gesicht.

2. Die Gesichter können wir mit Bleistift vorzeichnen und später mit Buntstiften ausmalen.

3. Mit der Schere schneiden wir nun aus dem Kreppapier etwa 20 cm lange und 1 cm breite Streifen. Jedes Kind kann sich aussuchen, ob es bunte Streifen haben möchte oder ob vielleicht jeder Mitspieler eine eigene Farbe erhält.

4. Einen Bierdeckel bestreichen wir mit Klebstoff und legen die Enden der Kreppapierstreifen so darauf, daß etwa 2 cm festkleben. Die Streifen sollten nicht zu dick übereinander gelegt werden.
Auch den zweiten Bierdeckel bestreichen wir dünn mit Klebstoff und legen ihn deckungsgleich auf den ersten.

5. Wir schneiden nun die Papierkreise mit den Gesichtern aus.

6. Auf jede Seite der Bierdeckel kleben wir je ein Gesicht auf, und zwar so, daß die bunten Streifen unter dem Mund hängen.

Spielregel
Von einer markierten Linie oder einem gespannten Seil aus werfen die Kinder ihre vorher gebastelten Gesichter auf den Boden. Davor wird bestimmt, wann der Teilnehmer einen Punkt bekommt, entweder wenn das lachende oder wenn das weinende Gesicht oben liegt. Ein Spielleiter schreibt auf, welches Gesicht jeweils zu sehen ist. Nach etwa zehn Würfen wird zusammengerechnet, und der Sieger darf mit dem nächsten Spiel beginnen. Man kann auch für jedes lachende Gesicht eine Kleinigkeit, wie Nüsse, Mandeln oder Rosinen, als Gewinn verschenken.

Wäscheklammerschiffe

Aus Wäsche- oder Bastelklammern kann man vieles machen. Bastelklammern bekommt man in jedem Bastelgeschäft. Man kann aber auch Holzwäscheklammern nehmen, aus denen die Drahtfeder entfernt wird. Daraus lassen sich dann ganz einfach Segelschiffe fertigen, mit denen man sich allerlei Spiele ausdenken kann. Wer will, kann die Flotte auch als Mobile aufhängen.

Material:
- *Stoffreste*
- *Lineal*
- *Bleistift*
- *Schere*
- *1 Zahnstocher*
- *Bastelkleber*
- *2 Bastelklammern oder 2 halbe Holzwäscheklammern*
- *Holzleim*
- *Nadel*
- *Faden*

1. Auf den Stoffrest zeichnen wir ein Quadrat mit 8 cm Seitenlänge und schneiden es aus. Dann legen wir es diagonal Ecke auf Ecke und schneiden es an dem Knick entlang in zwei Dreiecke. Das sind unsere Segel.

2. Eines der Dreiecke legen wir mit der rechten Stoffseite nach oben auf den Tisch. Den Zahnstocher legen wir so darauf, daß das eine Ende auf die Spitze zeigt, das andere etwa 2,5 cm unter dem Stoff hinausragt.

3. Mit Bastelkleber bestreichen wir nun dick den Zahnstocher sowie auch ein wenig Stoff. Das andere Dreieck legen wir paßgenau auf das erste und drücken es fest an. Zum Trocknen können wir es nun eine Weile beiseite legen.

4. Wir nehmen zwei Bastel- oder Wäscheklammern und bestreichen die geraden, glatten Flächen mit Holzleim.

5. Die beiden Teile der Klammer pressen wir fest zusammen. In die kleine Öffnung schmieren wir etwas Holzleim und schieben den Zahnstocher samt seinem Segel hinein.

6. Für ein Mobile ziehen wir einen Faden zum Aufhängen durch die Spitze der Segel.

Sankt-Martins-Laterne

Am Martinstag, dem 11. November, ziehen die Kinder mit ihren bunten Laternen singend durch die Straßen. Besonders schön anzusehen sind natürlich die Laternen, die selbst hergestellt worden sind. Auf dieser Doppelseite zeigen wir die Grundform der Laterne, auf der folgenden Doppelseite beschreiben wir, wie eine Laterne mit bunten Sternen gebastelt wird.
Für die Grundform der Laterne benötigen wir eine runde Käseschachtel mit einem Durchmesser von etwa 16 cm. Wir bekommen eine solche leere Schachtel beim Lebensmittelhändler.

Material:
- ☞ *Käseschachtel (Durchmesser ca. 16 cm)*
- ☞ *Pergament-, Drachen- oder Tonpapier (25 x 52 cm)*
- ☞ *Lineal*
- ☞ *Bleistift*
- ☞ *Schere*
- ☞ *Bastelkleber*
- ☞ *kleines Messer*
- ☞ *Kerzenhalter aus Metall*
- ☞ *1 Kerze*
- ☞ *Stopfnadel*
- ☞ *dünner Draht (30 cm lang)*
- ☞ *Laternenstab*

Grundform:

1. Der Boden der Käseschachtel soll auch der Boden unserer Laterne sein. Der äußere Rand unserer Käseschachtel hält unsere Laterne oben zusammen.
Falls wir keinen Deckel bekommen, behelfen wir uns mit einem 2 cm breiten und 52 cm langen Pappstreifen, den wir zu einem Ring zusammenkleben.

2. Mit Hilfe des Lineals und Bleistifts zeichnen wir ein 25 x 52 cm großes Rechteck auf unser Papier und schneiden es aus. Hat unsere Käseschachtel einen größeren Durchmesser, müssen wir auch das Papier größer zuschneiden. Wenn wir ein Stück Schnur um den Außenrand der Schachtel binden und die Länge messen, wissen wir, wie lang unser Rechteck sein muß.

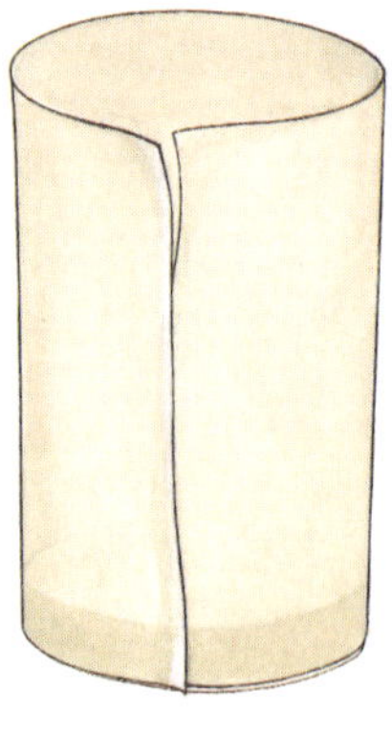

3. Wie die Zeichnung zeigt, kleben wir den unteren Rand des Papiers an die Außenseite unseres Laternenbodens.

4. Nach oben begrenzen wir das Papier, indem wir den Schachtel- oder Papierring von innen an den oberen Laternenrand kleben.

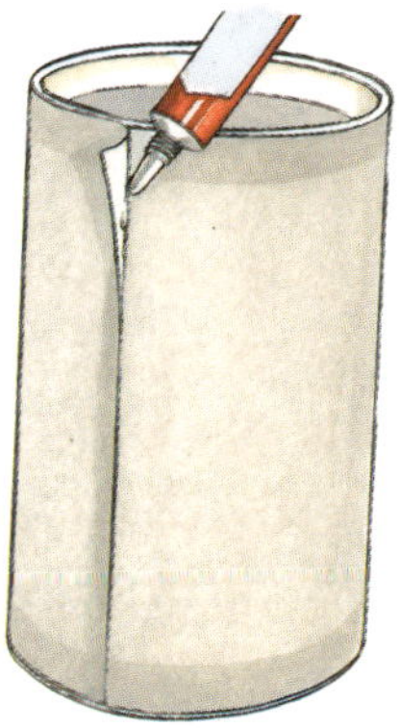

5. Wir schließen nun die Laterne, wenn wir die beiden offenen Längsseiten übereinander zusammenkleben.

6. Mit dem Lineal oder per Augenmaß bestimmen wir die Mitte des Laternenbodens und ritzen mit dem Messer im Abstand von 1 cm zwei kleine Schlitze in den Boden. Wir stecken den Kerzenhalter hindurch und biegen die beiden Laschen nach außen.

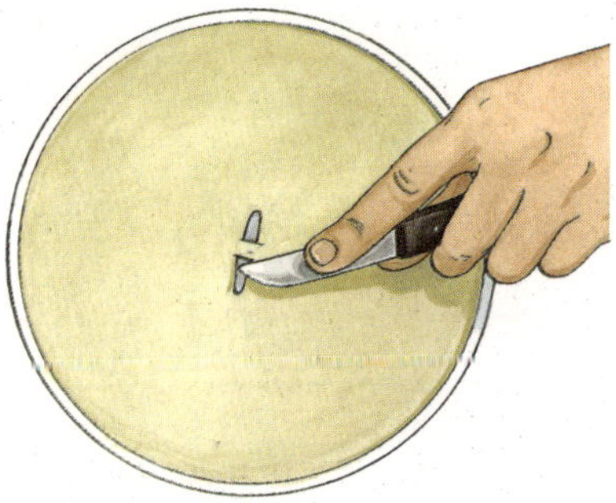

7. Jetzt können wir in unseren Kerzenhalter eine Kerze fest hineinstecken.

8. Mit der Stopfnadel stechen wir rechts und links am oberen Laternenrand zwei Löcher, durch die wir den dünnen Draht stecken. Wir biegen den Draht nach etwa 3 cm um und zwirbeln die Enden um den Draht.

9. Wenn wir den Draht in der Mitte zwei- bis dreimal drehen, haben wir eine Schlaufe, durch die wir unseren Stock stecken können.

Sternenlaterne

Weil in zahlreichen Kinderliedern die bunten Laternen häufig mit leuchtenden Sternen verglichen werden, wollen wir die Grundform der Laterne (siehe Seite 126 und 127) mit Transparentsternen verschönern. So, wie wir die Transparentsterne falten, lassen sie das Licht der Kerze in unterschiedlicher Helligkeit durch die gelben und orangeroten Sterne hindurchfallen.

Material:

Für die Sterne:

- ☞ *Pauspapier*
- ☞ *Bleistift*
- ☞ *Lineal*
- ☞ *Schere*
- ☞ *Bastelkleber*
- ☞ *gelbes und orangerotes Transparentpapier*

Für die Laterne:

- ☞ *1 Käseschachtel (Durchmesser ca. 16 cm)*
- ☞ *Architektenpapier (25 x 52 cm)*
- ☞ *Lineal*
- ☞ *Bleistift*
- ☞ *kleines Messer*
- ☞ *1 Kerzenhalter aus Metall*
- ☞ *1 Kerze*
- ☞ *Stopfnadel*
- ☞ *dünner Draht (30 cm)*
- ☞ *Laternenstab*

1. Mit Pauspapier und Bleistift übertragen wir das Dreieck (6 x 6 cm) viermal auf das gelbe Transparentpapier und schneiden die vier Dreiecke exakt aus.

2. Wir vergrößern die drei Seiten des Dreiecks auf 8 cm und übertragen dieses Dreieck viermal auf das orangerote Transparentpapier.

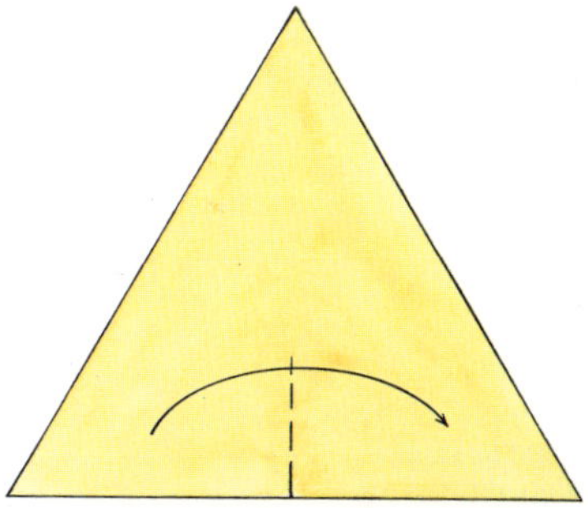

3. Das Dreieck wird nochmals auf 10 cm, auf 12 cm und auf 14 cm vergrößert. Jedes Dreieck übertragen wir viermal auf das gelbe oder orangerote Transparentpapier und schneiden die Dreiecke aus. Jetzt haben wir insgesamt 20 verschiedengroße Dreiecke, die zu Sternen gefaltet werden. Wir beginnen am besten mit einem großen Dreieck.

4. Zunächst falten wir die zwei unteren Ecken übereinander, drükken die Mittellinie leicht an und falten die Ecken wieder auseinander. Die dritte, obere Ecke falten wir nun nach unten (zu a).

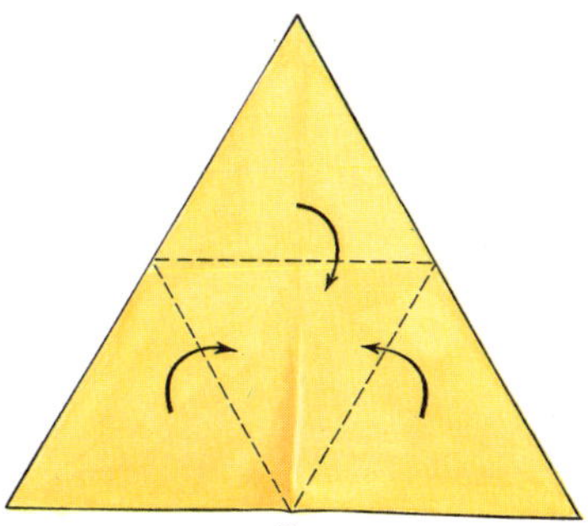

a

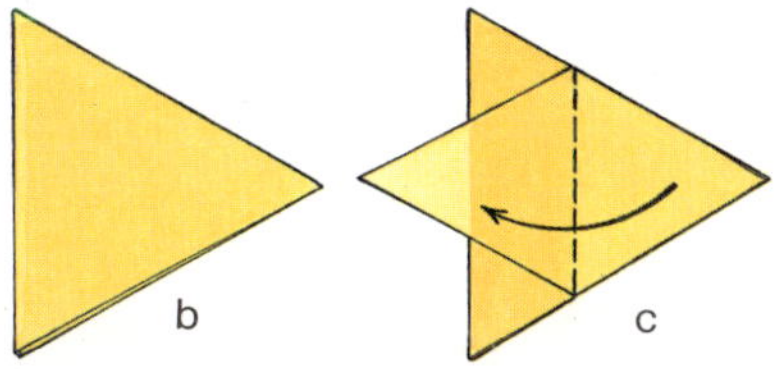

b c

5. Die beiden äußeren Ecken falten wir so nach rechts und links, daß vor uns ein auf der Spitze stehendes kleineres Dreieck liegt (b).

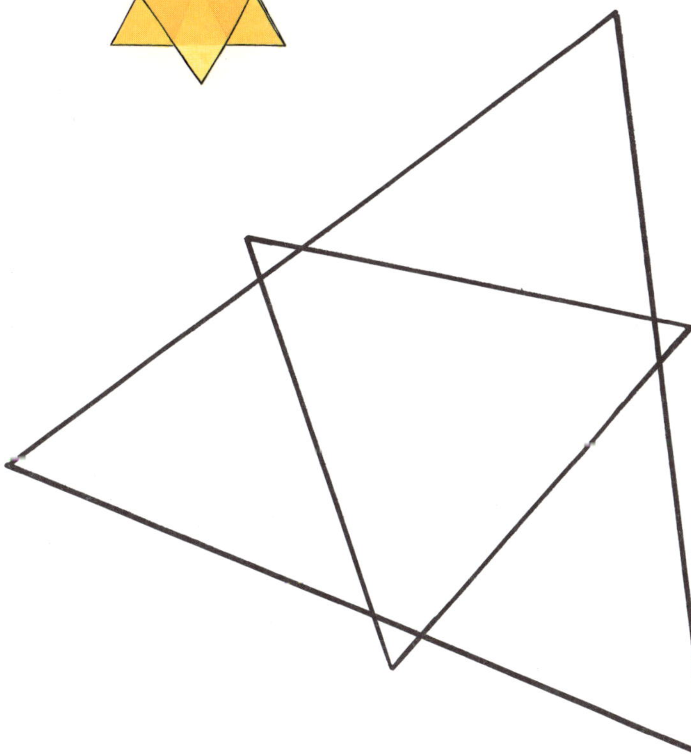

Abpausvorlagen

6. Die obere Ecke wird jetzt zu zwei Dritteln wieder zurückgefaltet (c). Genauso verfahren wir mit den darunterliegenden Ecken. Um unseren Stern etwas stabiler zu machen, schieben wir die obere Kante unter die untere, fertig ist unser Stern.

7. Auf diese Art werden auch die anderen 19 Sterne gefaltet.

8. Die Laterne stellen wir nach der Grundform auf Seite 126 und 127 aus der Käseschachtel, dem Architektenpapier, dem Kerzenhalter und dem Draht her.

9. Danach kleben wir unsere Sterne nur mit der Unterseite auf die Laterne, so daß die Ecken noch etwas abstehen.

Pfiffiges Windrädchen

Ein Spielzeug, das besonders den Kleinsten sehr viel Spaß macht. Je kräftiger sie ins Windrädchen blasen, desto schneller dreht es sich. Ein solches Windrädchen kann aber auch an einem längeren Stöckchen im Garten oder Balkon im Blumenkasten stehend ein Kinderherz erfreuen, wenn der Wind hineinfährt und es sich unermüdlich dreht.

Material:

- *alte Zeitungen*
- *1 Bogen Tonpapier (16 x 16 cm)*
- *Pauspapier*
- *Lineal*
- *Bleistift*
- *spitzes Messer*
- *Schere*
- *1 hölzerner Schaschlikspieß*
- *1 Holzperle (Durchmesser größer als 1 cm)*
- *Bastelkleber*

1. Zunächst decken wir unseren Arbeitsplatz mit einer dicken Lage Zeitungspapier ab. Danach übertragen wir unsere Vorlage mit Pauspapier und Bleistift auf das Tonpapier (Abpausvorlage siehe Seite 189).

2. Mit einem Lineal und einem Messer fahren wir die inneren Linien nach. Wir führen dabei das Messer immer vom Ende der Linie bis zur Winkelspitze.

3. Erst jetzt schneiden wir den Kreis mit einer Schere aus und markieren mit dem Schaschlikspieß die Mitte.

4. In dem Kreis haben wir genau acht Dreiecke markiert. Wir klappen zuerst jedes zweite Dreieck genau am Ende der Einschnitte um und streichen die Faltlinien mit dem Daumennagel glatt.

5. Wir wenden den Kreis, so daß die gefalteten vier Dreiecke jetzt auf der Arbeitsplatte liegen. Wir falten die anderen vier Dreiecke genauso und streichen die Knicke glatt.

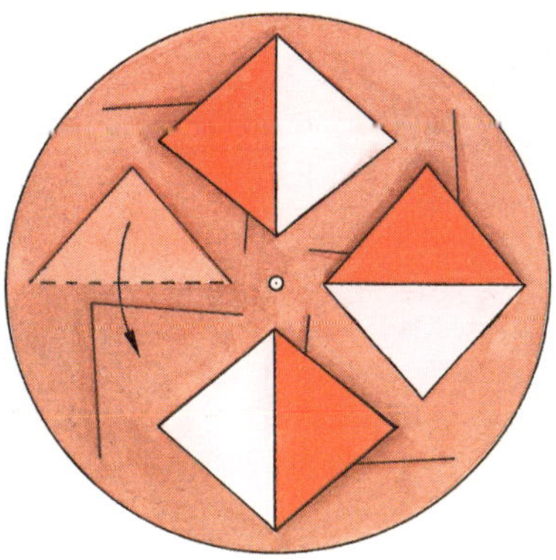

6. Jetzt stellen wir die nach außen stehenden Flächen senkrecht zur Fläche nach oben.

7. Wir stecken den Schaschlikspieß durch das Loch und kleben die Holzperle mit Bastelkleber am Stab fest, damit das Windrädchen nicht entkommen kann, wenn der Wind hindurchbläst.

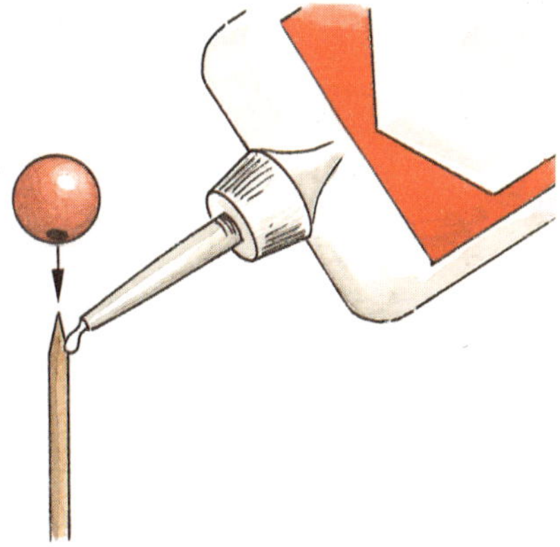

Windschnelle Wurfpfeile

An manchen Tagen ist es zu naß, um draußen zu spielen. Vielleicht wird man von einer kleinen Erkältung geplagt, die große Anstrengungen nicht zuläßt. Dann können die windschnellen bunten Wurfpfeile für eine Besserung der Stimmung sorgen. Sie sind leicht zu falten – und schon kann der Wettkampf losgehen: Welcher Pfeil fliegt am weitesten?

Material:

- *1 DIN-A4-Bogen buntes Falt- oder Schreibmaschinenpapier*
- *Filzstifte*
- *Buntstifte*

1. Wir legen den Bogen Papier vor uns hin und falten die beiden Längsseiten aufeinander. Danach streichen wir den Knick gut nach und öffnen das Papier wieder.

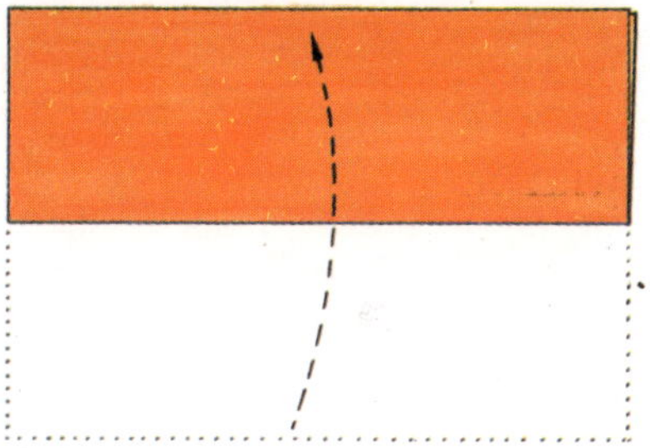

2. Nun legen wir die beiden linken Ecken bis an die Mittellinie heran. Die beiden Kanten dürfen dort nur aneinanderstoßen, sie dürfen sich nicht überlappen. Auch diese beiden Knicke ziehen wir gut nach.

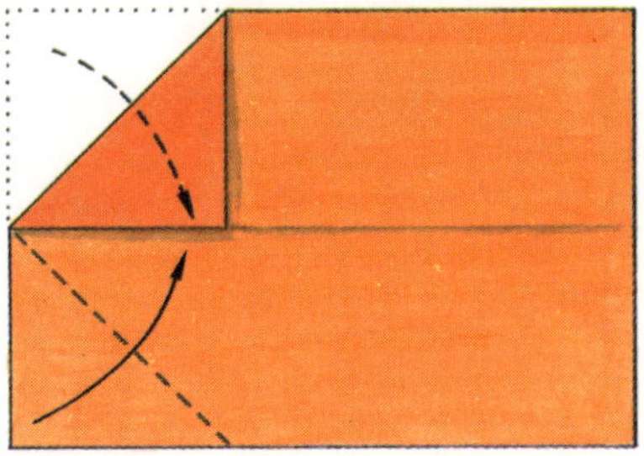

3. Auf die gleiche Weise falten wir die beiden neu entstandenen Faltkanten an die Mittellinie und ziehen die Knicke wieder gut nach.

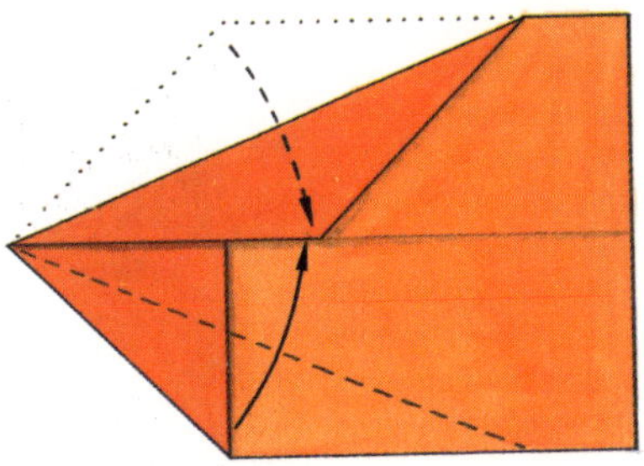

4. Jetzt wenden wir unsere Faltung, so daß alle Faltungen auf der Arbeitsfläche liegen. Wir falten von dieser Seite, genau wie es vorher beschrieben wurde, die beiden Flügel wieder nacheinander zur Mittellinie.

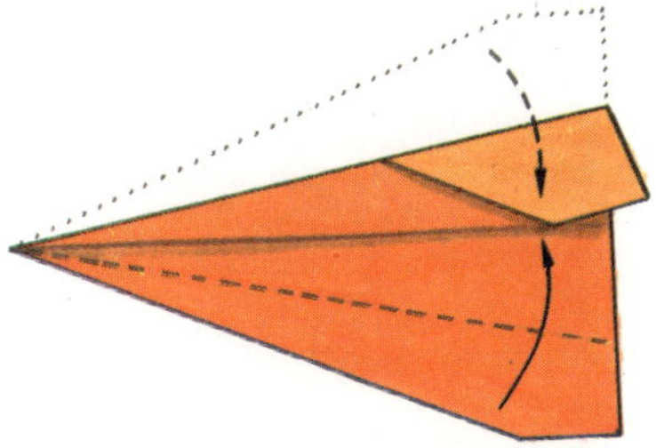

5. Wieder wenden wir unsere Faltung, so daß die ersten Faltungen wieder oben liegen, und klappen nun den Pfeil an der Mittellinie zusammen.

6. Wir halten unseren Pfeil am Mittelknick fest und klappen die beiden Flügel zu einer waagerechten Fläche nach oben.

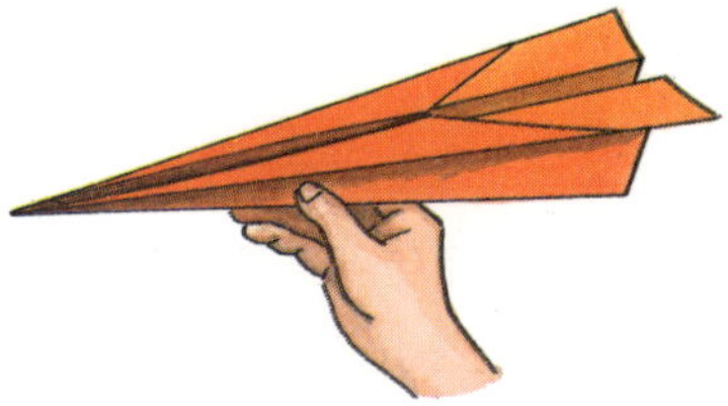

7. Bevor wir unseren Pfeil mit einem kleinen Stoß durch die Luft sausen lassen, schreiben wir mit Filzstift unseren Namen drauf. Wer möchte, kann das Papier vor dem Falten auch noch mit Bunt- oder Filzstiften bemalen.

Fingerpuppentheater

Mit diesen niedlichen Fingerpuppen kann man überall spielen. Durch Drehen des Zeigefingers bewegt sich die Puppe nach oben, zur Seite, oder sie neigt sich nach unten.
In einem Fingerpuppen-Theater können allerlei Figuren vorkommen: Fabelwesen, Monster, Drachen, Menschen und Tiere. Mit Hüten, Federn, Schuhen, Schwänzen und anderem Zubehör können wir die einfache Grundform verändern. Auf Seite 136 und 137 haben wir neben der Grundform den Federschmuck für den Indianer, Hut, Schuh und Ball für den Clown, den Wildwesthut für den Cowboy und den Katzenkopf und den Katzenschwanz zum Abpausen wiedergegeben. Schon mit diesen wenigen Figuren kann das Theater endlich losgehen!

Material:

☞ *weißes Papier*
☞ *Pauspapier*
☞ *Bleistift*
☞ *Schere*
☞ *Bastelkleber*
☞ *Buntstifte*
☞ *durchsichtige Klebestreifen*

1. Zuerst übertragen wir mit Pauspapier und Bleistift die Grundform auf das Papier und schneiden sie aus.

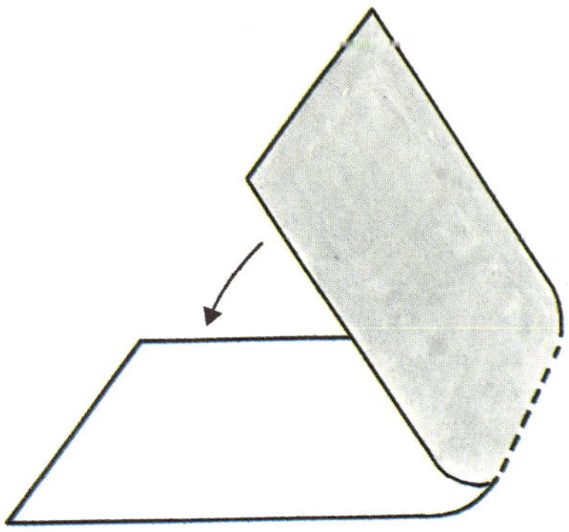

2. Wir knicken die Form entlang der gestrichelten Linie und kleben die beiden langen Seiten zusammen.

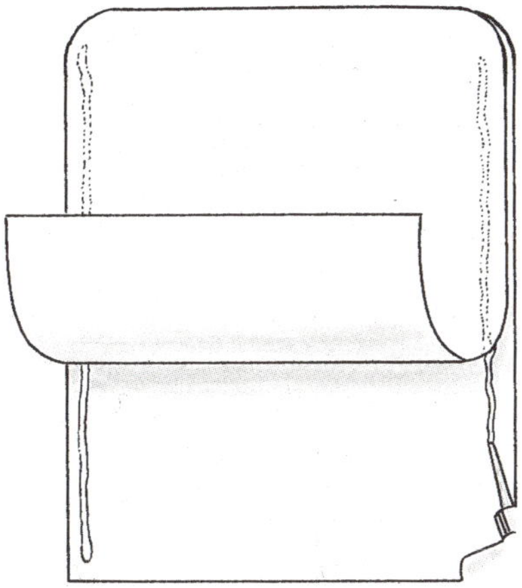

3. Jetzt haben wir eine Tüte, in der unser Zeigefinger genug Bewegungsspielraum hat.

4. Die Tüte bemalen wir mit einigen Buntstiften.

5. Für die verschiedenen Figuren übertragen wir die zusätzlichen Teile von Seite 136 und 137 auf Papier und schneiden sie aus. Danach bemalen wir auch sie mit Buntstiften und kleben sie auf die Grundform.

6. Soll ein Gegenstand, wie beispielsweise ein Ball, während des Spiels von einer Figur zur anderen gegeben werden, dürfen wir den Ball natürlich nicht an der Figur festkleben. Dazu verwenden wir etwas Klebeband, welches wir zwischen Daumen und Zeigefinger leicht rollen. So klebt es auf allen Seiten, und der Gegenstand ist leicht zu entfernen und kann woanders festgeklebt werden.

Abpausvorlagen für die Einfingerpuppen von Seite 134 und 135.

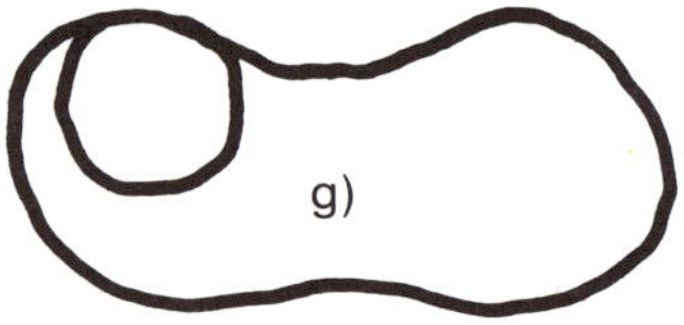

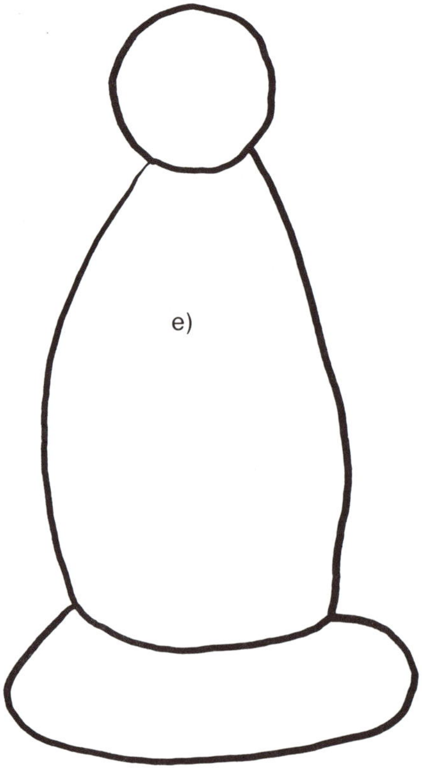

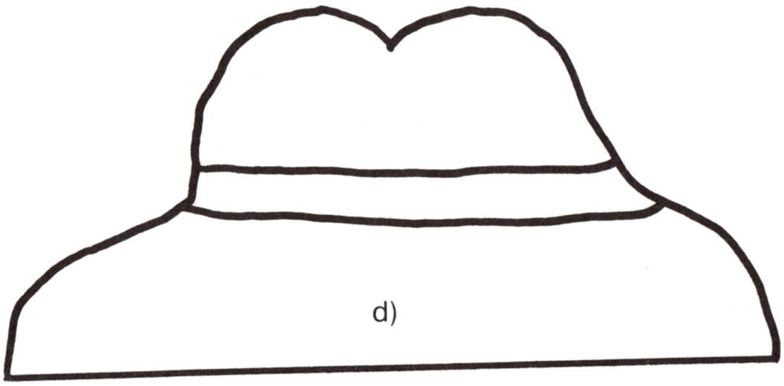

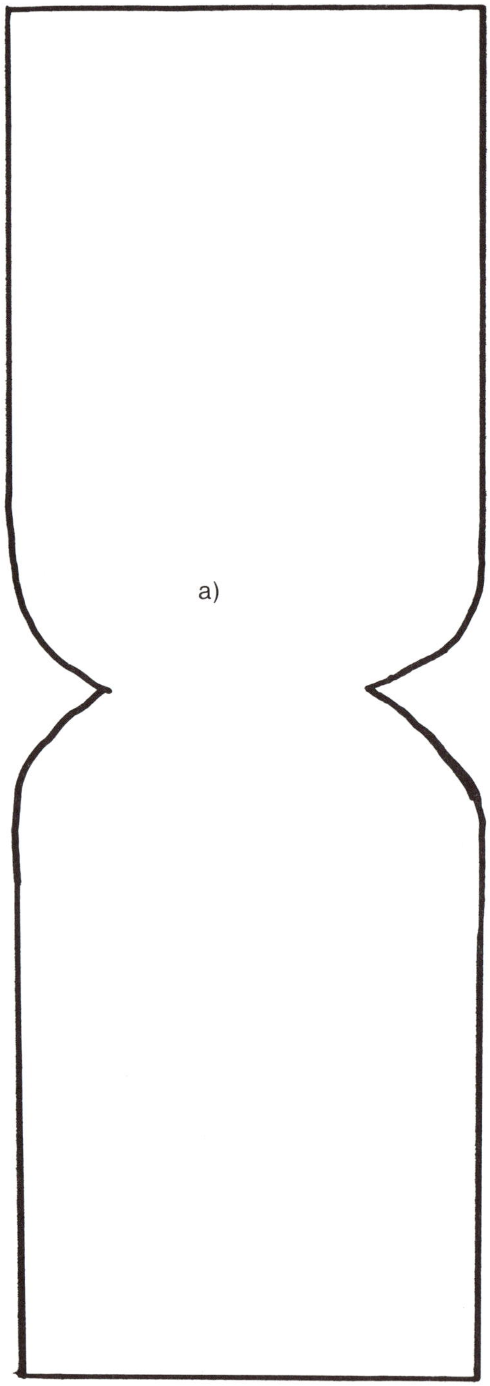

a) Grundform
b) große Feder für den Indianer
c) kleine Feder für den Indianer
d) Cowboyhut
e) Mütze für den Clown
f) Ball für den Clown
g) Schuh für den Clown,
   2 x abpausen
h) Katzenkopf
i) Katzenschwanz

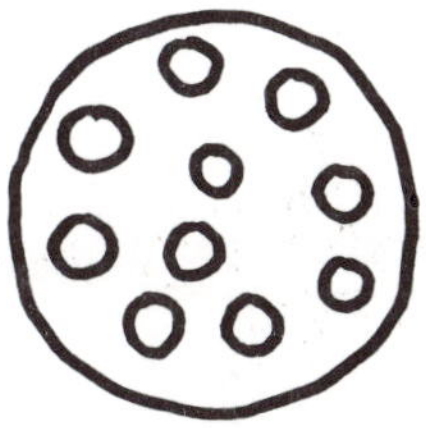

f)

b)

c)

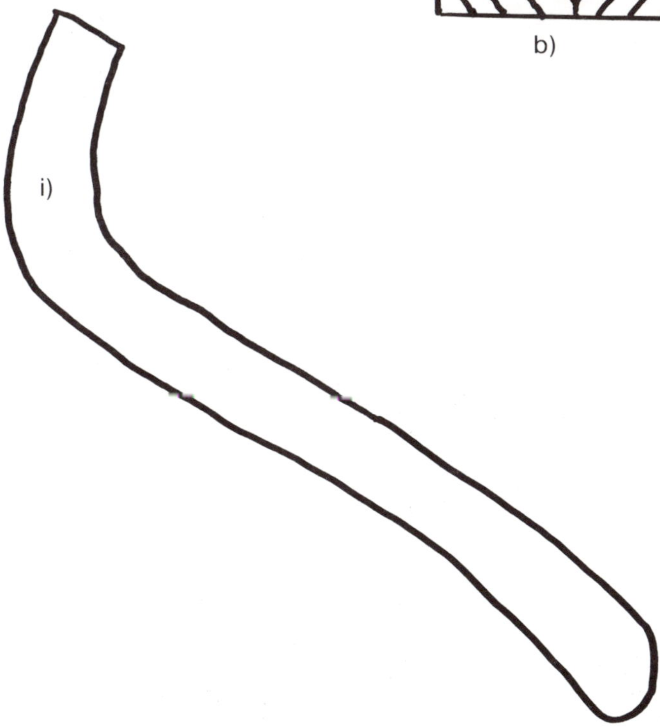

i)

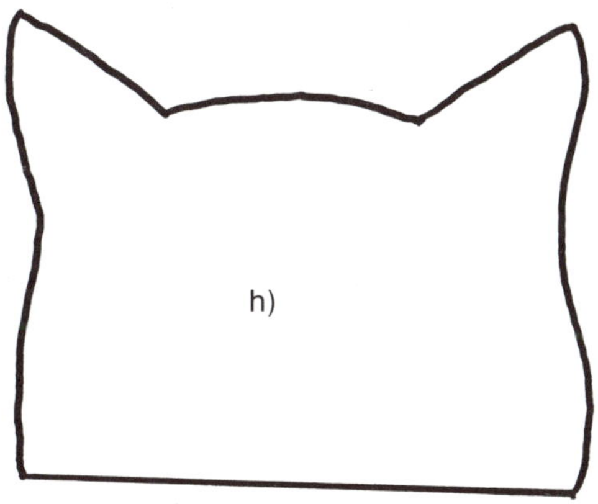

h)

Gefaltete Handpuppen

Diese lustigen Handpuppen entstehen aus einer leichten Faltarbeit, mit der wir originelle Tier-, aber auch allerlei merkwürdige Monsterfiguren herstellen können. Besonders wirkungsvoll wird das Theaterspiel, wenn wir uns einfarbige Handschuhe dazu anziehen. Grüne für den Frosch, hellbraune für den Fuchs und gelbe, rote oder schwarze für den Hahn.

Material:

☞ *3 quadratische Bogen Faltpapier in Orange, Gelb und Grün (25 x 25 cm)*
☞ *Bastelkleber*
☞ *Pauspapier*
☞ *Bleistift*
☞ *Schere*
☞ *Locher*
☞ *Rest weißes Papier*
☞ *Filzstifte*
☞ *bunte Papierreste*
☞ *Rest rotes Papier*

Grundform:

1. Wir falten das Quadrat einmal in der Mitte zusammen, dann klappen wir es auseinander und falten es zur anderen Seite und wieder auseinander. Vor uns liegen vier Quadrate.

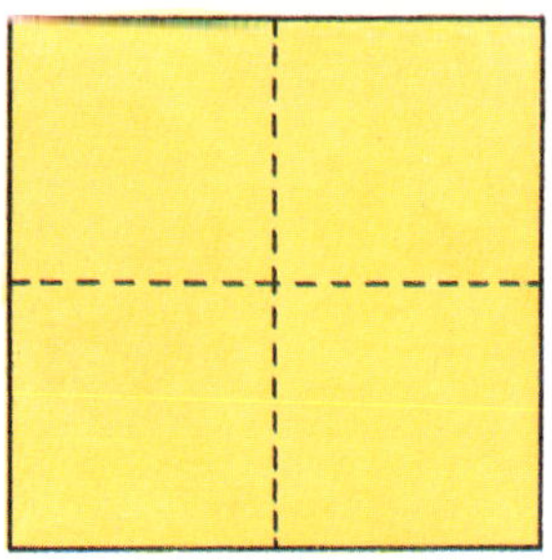

2. Jetzt falten wir nacheinander die vier Ecken zur Mitte, wie es die Zeichnung zeigt. Wir wenden die Faltarbeit, so daß die offenen Ecken auf der Tischplatte liegen.

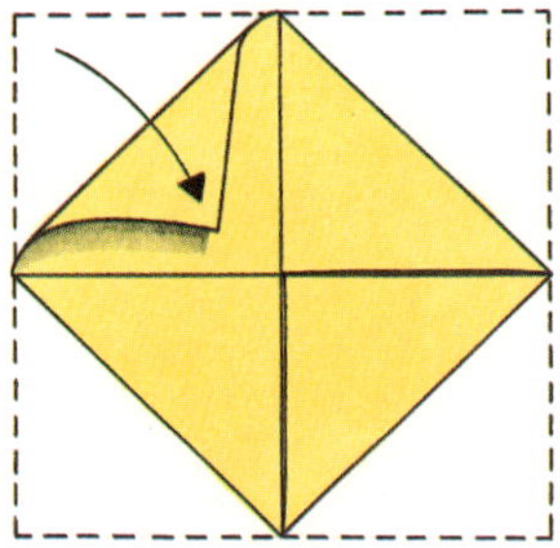

3. Und wieder falten wir jede Ecke zur Mitte: vor uns liegt ein kleines Quadrat.

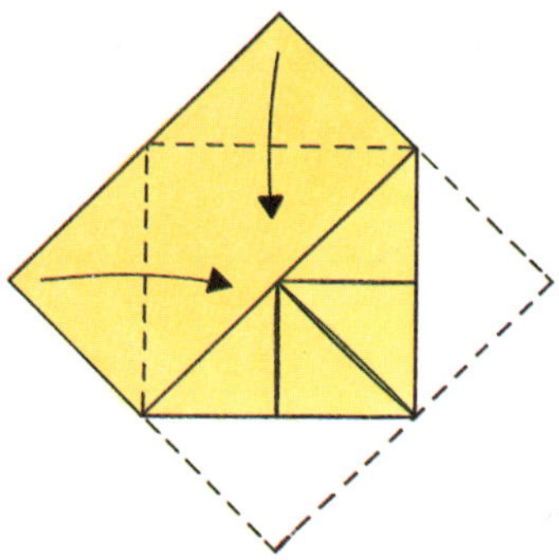

4. Wenn wir jetzt dieses Quadrat wieder wenden, erkennen wir vier Ecktaschen.

5. Nun knicken wir unsere Form in der Mitte einmal längs und einmal quer, damit die folgende Faltung leichter geht.

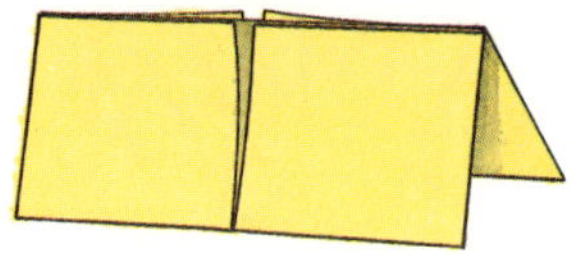

6. Jetzt schieben wir von jeder Hand Daumen und Zeigefinger in je eine Tasche.

7. Wie Fuchs, Hahn und Frosch gestaltet werden, wird auf den nächsten Seiten beschrieben.

Fuchs

1. Für den Fuchs verwenden wir das orange Papier. Wir falten die Grundform (siehe Seite 139) und stellen sie so vor uns auf, daß die vier Taschen nach oben zeigen. Dann falten wir zwei nebeneinanderliegende Spitzen nach innen und kleben sie fest.

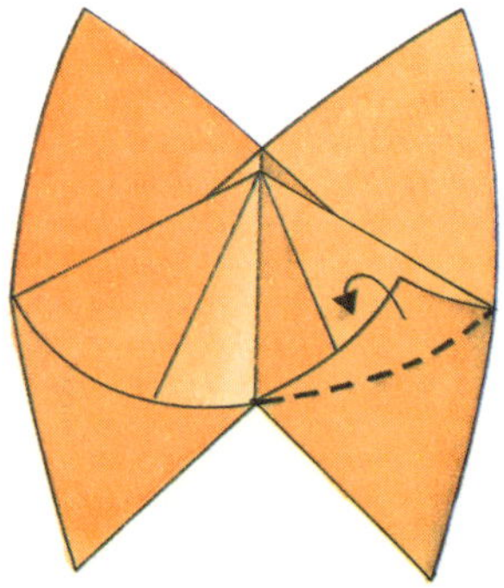

2. Mit vier Fingern einer Hand greifen wir in die Taschen und halten die Form so, daß ein offenes Maul entsteht. Der Ober- und Unterkiefer wird an den mit O und U bezeichneten Flächen mit Klebstoff zusammengeklebt.

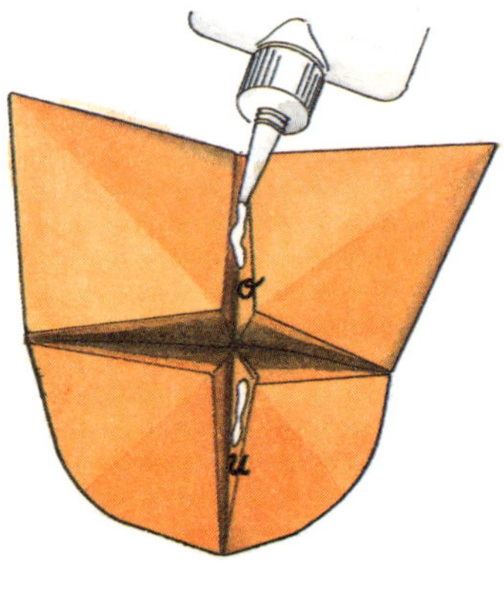

3. Wie die Zeichnung zeigt, schneiden wir den Oberkiefer fransig. Aus einem andersfarbigem Papier schneiden wir zwei runde Augen und malen zwei dunkle Pupillen hinein. Die Augen kleben wir unter den Fransen fest.

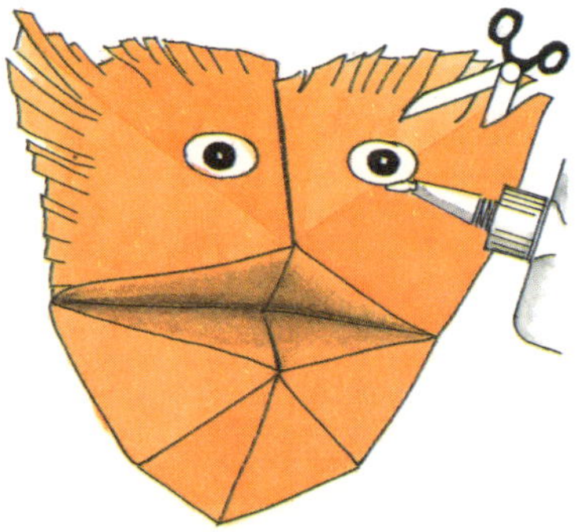

4. Mit dem Locher stanzen wir uns aus weißem Schreibmaschinenpapier kleine Stückchen – oder vielleicht sind in dem Auffangbehälter noch welche drin – und kleben sie als Zähne in das Maul.

5. Aus dem andersfarbigen Papier schneiden wir ein längliches Oval. Diese Zunge kleben wir nun schräg ins Maul. Schon ist unser Fuchs fertig.

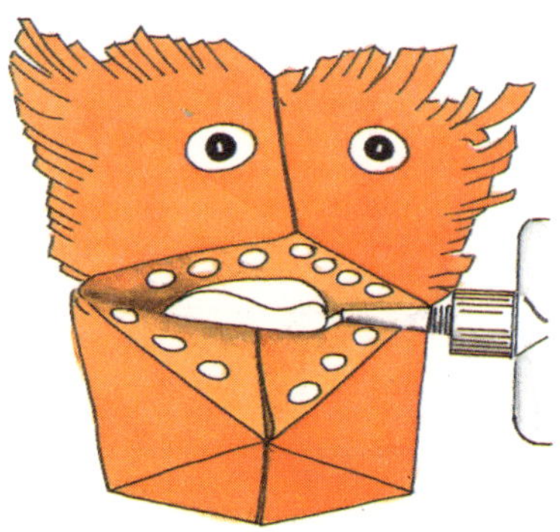

Hahn

1. Für den stolzen Hahn nehmen wir das gelbe Papier. Wir legen es so vor uns hin, daß die vier Taschen nach oben zeigen. Alle vier Spitzen werden nach innen gefaltet und festgeklebt.

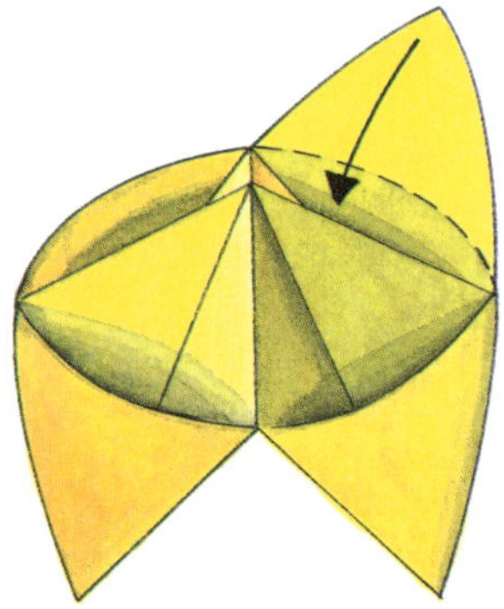

2. Mit Pauspapier und Bleistift übertragen wir den Hahnenkamm und den Kinnlappen auf rotes Papier und schneiden beide Teile aus.

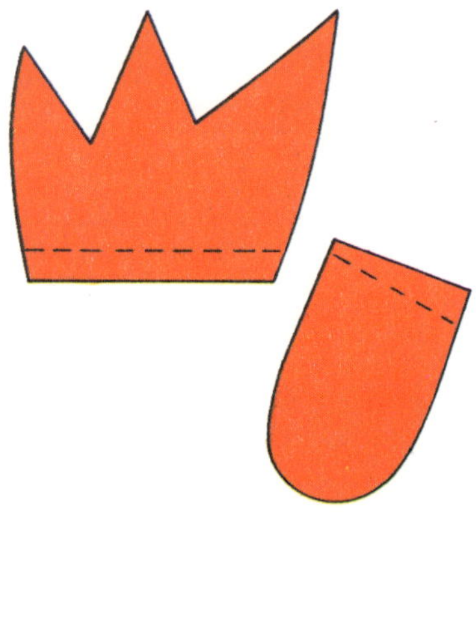

3. Den roten Kamm kleben wir zwischen die beiden Oberkieferhälften, den Kinnlappen zwischen die zwei Unterkieferhälften.

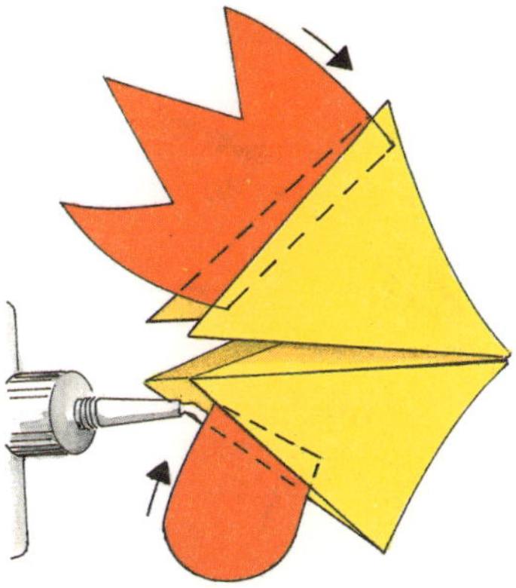

4. Den Schnabel malen wir uns in Form einer Raute (siehe Zeichnung) auf rotes Papier und schneiden ihn aus. Wir falten ihn in der Mitte zusammen und kleben ihn ins Maul.

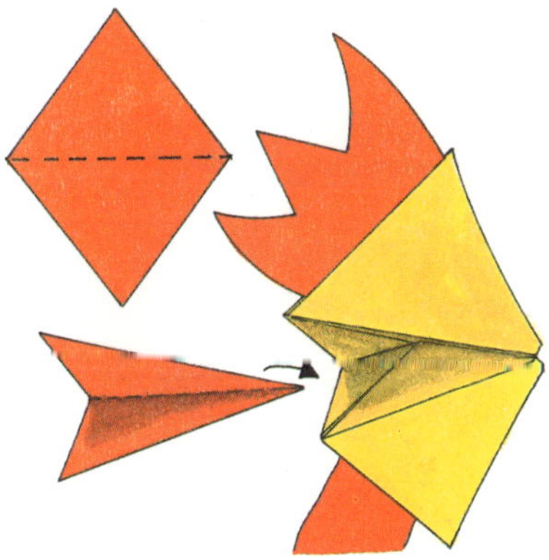

5. Rechts und links neben dem Kamm zeichnen wir mit rotem Filzstift zwei Augen.

Frosch

1. Aus grünem Papier falten wir uns die Grundform und legen sie so vor uns, daß die vier Taschen wieder nach oben zeigen. Wir falten alle vier Ecken nach innen und kleben sie fest.

2. Wir drehen die Form und kleben den Ober- und Unterkiefer wie beim Fuchs zusammen.

3. Auf das andersfarbige Papier zeichnen wir uns zwei große runde Augen und malen mit dunklem Filzstift zwei Pupillen hinein. Diese Augen kleben wir wie auf der Zeichnung halb am Oberkiefer fest.

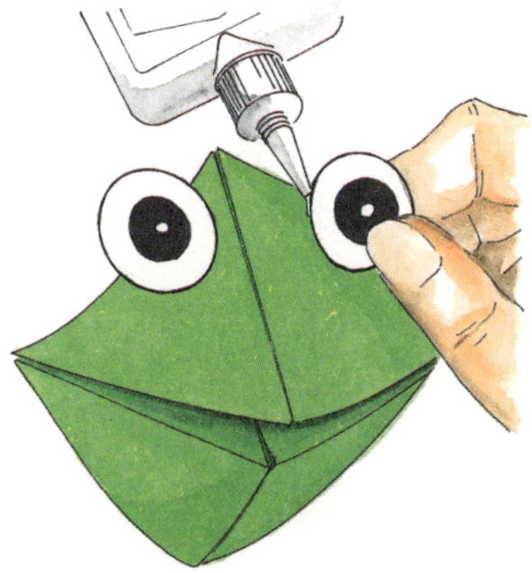

4. Aus rotem Papier schneiden wir ein Oval für die Zunge aus und kleben sie am Unterkiefer fest.

5. Sieht er nicht ein bißchen aus wie Kermit?

Blumentopfglocke

Unsere Blumentopfglocke hängen wir an eine selbstgemachte Kordel. Wer die Glocke nicht zum Musizieren benutzen möchte, kann sie als „Klingel“ vorm Kinderzimmer anbringen.

Material:
- *Reste mitteldicker Wolle (mindestens 1 m lang)*
- *Schere*
- *Lineal*
- *Bleistift*
- *Blumentopf aus Ton (Durchmesser ca. 10 cm)*
- *1 Holzperle (Durchmesser mindestens 2,5 cm)*
- *Plakafarbe*
- *Pinsel*
- *Klarlack zum Sprühen (FCKW-frei)*

1. Von den Wollresten schneiden wir uns 1 m lange Fäden ab und verknoten die Fäden am oberen und unteren Ende miteinander.

2. Ein Ende dieser Schnur hängen wir an eine Türklinke und ziehen die Fäden straff. Das andere Ende nehmen wir in eine Hand und schieben einen Bleistift hindurch.

3. Wir halten die Schnur immer straff in der Hand und drehen den Bleistift wie einen Propeller.

4. Wenn die Schnur fest verdreht ist, nehmen wir sie von der Türklinke und legen sie doppelt. Sofort beginnt sich die Schnur zu drehen. Mit einer Hand streichen wir die Kordel solange herunter, bis sie glatt ist.

5. Die beiden Kordelenden werden miteinander verknotet.

6. Jetzt nehmen wir das verknotete Ende in eine Hand und ziehen die Kordel von außen nach innen durch das Loch im Boden des Blumentopfes.

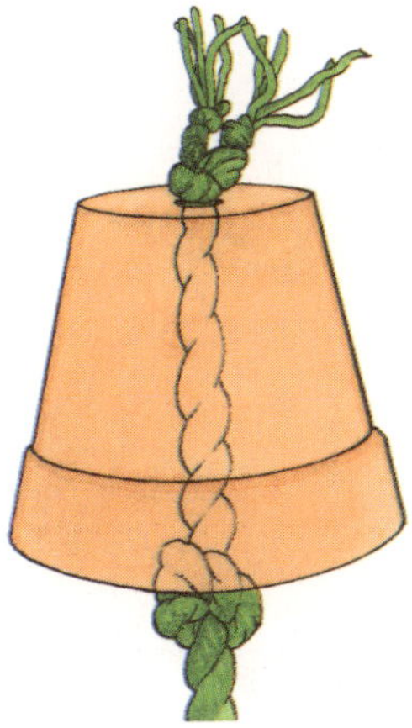

7. Wir schieben den Blumentopf bis zum Ende des Knotens und machen in Höhe des Topfrandes einen weiteren Knoten.

8. Nun ziehen wir am oberen, äußeren Ende der Kordel und lassen den Blumentopf frei schwingen.

9. Die Holzperle ziehen wir durch die Kordel und schieben sie soweit die Kordel hinauf, daß sie gerade in der Glocke verschwindet. Direkt hinter der Holzperle machen wir wieder einen Knoten, damit die Holzperle festsitzt. Am unteren Ende der Kordel machen wir ebenfalls einen Knoten.

10. Wir decken unseren Arbeitsplatz mit alten Zeitungen ab. Mit Hilfe von Pinsel und Plakafarben bemalen wir den Blumentopf von außen. Nach dem Trocknen besprühen wir unsere Blumentopfglocke mit FCKW-freiem Klarlack.

Rhythmusinstrument aus Glühbirnen

Eine ausgebrannte Glühbirne ergibt ein wunderbares Rhythmusinstrument. Wir brauchen dazu nur noch etwas Drachenpapier und Tapetenkleister.

Material:
- *alte Zeitungen*
- *1 alte Glühbirne*
- *1/2 Bogen Drachenpapier*
- *Tapetenkleister*
- *Pinsel*
- *Schüssel*
- *Stock zum Umrühren*

1. Wir decken unseren Arbeitsplatz zuerst mit alten Zeitungen ab.

2. Jetzt reißen wir das Drachenpapier in kleine Schnipsel.

3. Den Tapetenkleister rühren wir nach den Angaben des Herstellers in einer Schüssel an.

4. Nun bestreichen wir die ganze Glühbirne mit etwas Kleister und kleben dicht an dicht eine Schicht Drachenpapier darüber.

5. Nach dem Trocknen bestreichen wir die einmal beklebte Glühbirne nochmals mit Kleister und kleben wieder dicht an dicht eine weitere Schicht Papierschnipsel darüber. Diesen Vorgang wiederholen wir solange, bis alle Schnipsel aufgebraucht sind.

6. Danach bestreichen wir die beklebte Glühbirne nochmals mit Kleister und lassen sie zwei Tage trocknen.

7. Nun können wir die beklebte Glühbirne einmal auf die Tischkante schlagen, das Glas zerbricht im Innern – und unsere Rassel ist fertig.

Rasseln aus Joghurtbechern

Auch leere Joghurtbecher müssen nicht auf den Müll geworfen werden. Wir bekleben sie ähnlich wie die Glühbirnen. Als Füllung verwenden wir Reis, Linsen, Erbsen oder getrocknete Bohnen. Wir können den beklebten Becher aber auch mit kleinen Steinchen, Knöpfen, Murmeln oder Büroklammern füllen. Jede Füllung ergibt einen anderen Klang.

Material:

- *alte Zeitungen*
- *1 leerer Joghurtbecher*
- *Reis, Erbsen, Linsen, Steinchen, Knöpfe, Büroklammern*
- *1 Gummiband*
- *½ Bogen Drachenpapier*
- *Tapetenkleister*
- *Schüssel*
- *Stock zum Umrühren*
- *Pinsel*

1. Zunächst legen wir unseren Arbeitsplatz mit alten Zeitungen aus. Dann füllen wir unseren sauberen Joghurtbecher mit einer Handvoll Reis, Erbsen oder einem anderen Material.

2. Von dem Drachenpapier schneiden wir ein kleines Stück ab und spannen es mit Hilfe eines Gummibandes über die Öffnung des Bechers.

3. Das restliche Drachenpapier zerreißen wir in kleine Schnipsel.

4. Den Tapetenkleister rühren wir nach Angaben des Herstellers in der Schüssel an.

5. Wir bestreichen den Joghurtbecher rundherum mit Kleister und kleben dicht an dicht eine Schicht Papierschnipsel darüber. Danach bestreichen wir den beklebten Becher wieder mit Kleister und kleben wieder dicht an dicht eine Schicht Schnipsel darüber. Diesen Vorgang wiederholen wir solange, bis alle Schnipsel aufgebraucht sind.

6. Bevor wir unsere Rassel benutzen können, muß sie noch zwei Tage trocknen.

Basteleien

für Ostern

Watteküken im Ei

Eine einfache, aber besonders schöne Tischdekoration für den Ostertisch sind diese niedlichen Watteküken in einer Eischale. Bei schönem Wetter können wir grünes Moos aus dem Wald oder von einer Wiese holen, um das Küken hineinzusetzen.

Material:
- *1 Tasse*
- *Stück grüne Pappe*
- *Bleistift*
- *Schere*
- *frisches Moos oder Ostergras aus Papier*
- *Bastelkleber*
- *1 aufgeschlagenes Ei, eine Hälfte größer als die andere*
- *gelbe Watte*
- *Rest rotes Papier*
- *Rest schwarzes Papier*

1. Die umgedrehte Tasse legen wir auf die Pappe und zeichnen die Umrisse mit dem Bleistift nach. Mit der Schere schneiden wir diesen Kreis aus.

2. Nun kleben wir das Moos oder grünes Ostergras aus Papier auf

die Pappe. Daneben kleben wir die beiden Eischalenhälften.

3. Die größere Schalenhälfte füllen wir locker mit einem gelben Wattebausch. Wir drücken die Watte oben etwas zusammen, so daß ein kleines Köpfchen entsteht.

4. Aus schwarzem Buntpapier schneiden wir zwei Kreise aus und kleben sie als Augen in das Köpfchen. Für den Schnabel zeichnen

wir auf rotes Papier eine Raute, schneiden sie aus und knicken sie in der Mitte.

5. Mit etwas Klebstoff befestigen wir den Schnabel zwischen den Augen. Die leere Eierschale erweckt den Eindruck, als ob das Küken gerade erst aus dem Ei geschlüpft sei.

Eiermobile

Bereits die Kleinsten können die Form des Eies abpausen, bemalen und daraus ein fröhliches Mobile zu Ostern fertigen.

Material:

- *Pauspapier*
- *Bleistift*
- *festes Papier oder dünner Karton*
- *Schere*
- *Buntstifte oder Fingerfarben*
- *Nadel*
- *Faden*

1. Mit Pauspapier und Bleistift übertragen wir die vier verschieden großen Eier auf das Papier (Abpausvorlage siehe Seite 191) und schneiden sie aus.

2. Mit Buntstiften oder Fingerfarben malen wir die Eier bunt an.

3. Wir legen die bemalten Eier vor uns hin. Durch die Spitze des größten Eies ziehen wir die Nadel mit dem Faden. Jetzt stechen wir damit in das stumpfe Ende des nächstkleineren Eies und verknoten den Faden. Dann stechen wir durch die Spitze dieses Eies und durch das stumpfe Ende des nächstkleineren Eies und verknoten wieder den Faden. Ebenso befestigen wir das letzte Ei. Einen längeren Faden ziehen wir zum Schluß durch die Spitze des kleinsten Eies und binden oben eine Schlaufe. Fertig ist unser lustiges Eiermobile.

Origami-Hühnerschar

Zum festlich gedeckten netten Ostertisch gehören auch bunte Hühner. Denn sie legen ja die Eier, die der Osterhase am Ostersonntag versteckt. Statt Origamipapier kann auch anderes Papier verwendet werden, es muß sich nur gut knicken lassen und darf an den Knickstellen nicht brechen.

Material:

- *3 verschiedenfarbige Origamipapiere (13 x 13 cm)*
- *Schere*
- *Bastelkleber*
- *Bleistift*
- *2 Konfettipunkte oder einen Locher und Papier*

1. Zuerst falten wir das Papier diagonal von einer Ecke zur anderen, öffnen den Bogen und falten die beiden anderen Ecken aufeinander. Die Knicke werden glatt gestrichen, der Bogen wieder geöffnet.

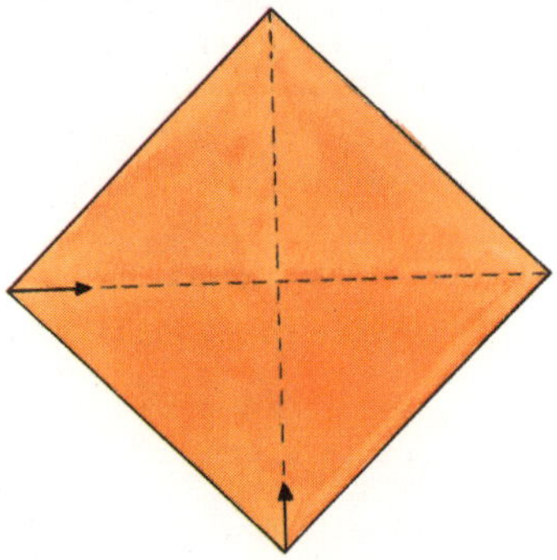

2. Wir falten jetzt die linke, dann die rechte untere Seitenkante bis zur Mittellinie. Vor uns liegt eine Drachenform.

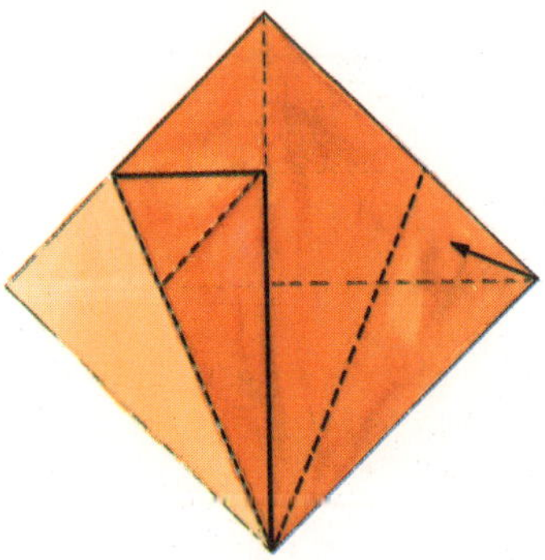

3. Wir wenden die Arbeit und legen die Faltung auf die Arbeitsplatte. Die untere Spitze wird jetzt nach oben hochgefaltet, wie die Zeichnung es zeigt.

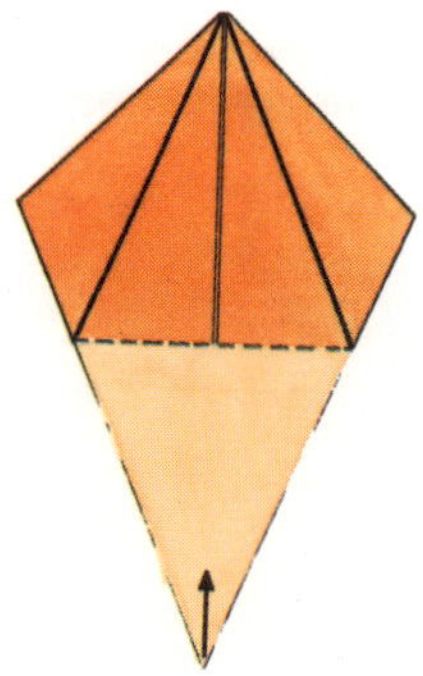

4. Jetzt müssen wir unsere Faltarbeit nochmals wenden. Vor uns liegt eine Art „Segelboot". Wir falten diese Figur zur Häfte zusammen (siehe Zeichung).

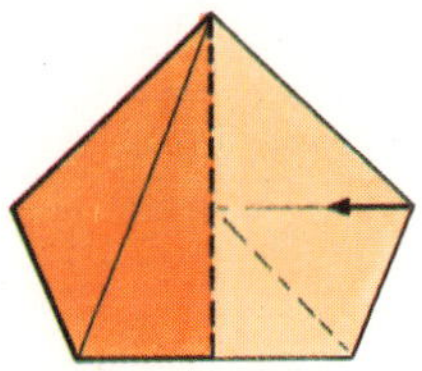

5. Jetzt ziehen wir die beiden oberen Spitzen weit auseinander, bis die Form eines Huhns mit abstehendem Schwanz entsteht. So drücken wir die Arbeit auf den Tisch.

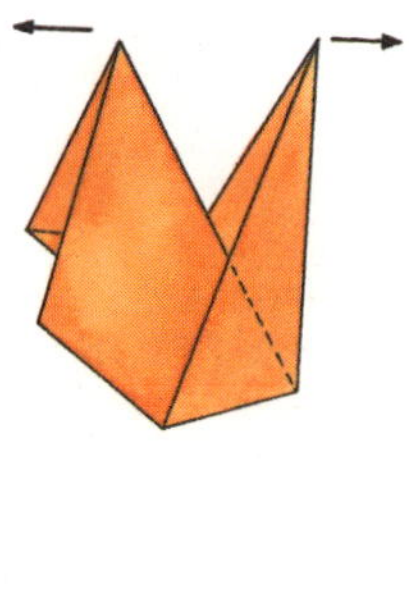

6. Unsere Faltarbeit hat jetzt eine geschlossene und eine offene Spitze. An der offenen Spitze drükken wir ein kleines Dreieck nach innen, das ist der Schnabel.

7. Den Kamm zeichnen wir auf andersfarbiges Papier und kleben ihn am Kopf fest.

8. Aus dunklem Papier schneiden wir zwei Kreise aus, lochen etwas weißes Papier oder kleben zwei weiße Konfettipunkte als Pupillen hinein und befestigen sie mit Klebstoff rechts und links vom Kamm. Die anderen Hühner entstehen auf die gleiche Art und Weise aus andersfarbigem Papier.

Osterei-Tangram

Tangram ist ein chinesisches Puzzle. Die einfachen Formen hinterlassen den Eindruck, als handle es sich um ein einfaches Legespiel. Unser Osterei-Tangram ist, einmal in seine Bestandteile zerlegt, gar nicht so einfach wieder sinnvoll zusammenzulegen.

Material:
- *Pauspapier*
- *Bleistift*
- *DIN-A4-Bogen weißes Papier*
- *Lineal*
- *Schere*
- *Fotokartonreste mit nicht zu starken Farbkontrasten*

1. Mit Pauspapier und Bleistift übertragen wir die Eiform (Abpausvorlage siehe Seite 190) auf weißes Papier. Mit Bleistiftstrichen zerteilen wir das Ei wie auf dem Foto mit Hilfe des Lineals in zehn Teile.

2. Wir schneiden diese zehn Teile einzeln aus und legen sie auf das verschiedenfarbige Papier. Mit Bleistift fahren wir die Konturen nach und schneiden die Teile einzeln aus.

3. Auf dieser Seite zeigen wir, wie diese zehn Teile zu verschiedenen Vögeln zusammengelegt werden können. Wichtig ist, daß immer alle Teile verwendet werden und sich keine Teile überlappen. Mit etwas Ausdauer können aus diesen zehn Teilen auch völlig andere Figuren zusammengefügt werden.

Legebeispiele

Osternest mit Eiern und Hähnen

Zwei aufmerksame Hähne mit kunterbunten Schwänzen bewachen unser Nest mit den bemalten Ostereiern. Wir brauchen dazu nur einen Eierkarton und etwas buntes Papier.

Material:

- *1 Eierkarton für 6 Eier*
- *Schere*
- *alte Zeitungen*
- *Pinsel*
- *orangegelbe Wasserfarbe*
- *kleines Messer*
- *Pauspapier*
- *Bleistift*
- *roter Tonpapierrest*
- *schwarzer Tonpapierrest*
- *eventuell 1 Locher*
- *Bastelkleber*
- *Reste von buntem Faltpapier*
- *Lineal*
- *etwas grünes Ostergras aus Papier*
- *bunte Eier oder Osterüberraschungen*

1. Zuerst trennen wir von dem Eierkarton den Deckel ab. Er wird nicht gebraucht.

2. Mit der Schere schneiden wir den Rand bis zur Höhe der Abtrennung zwischen den drei Kammern herunter. Die beiden Säulen werden unsere Hähne.

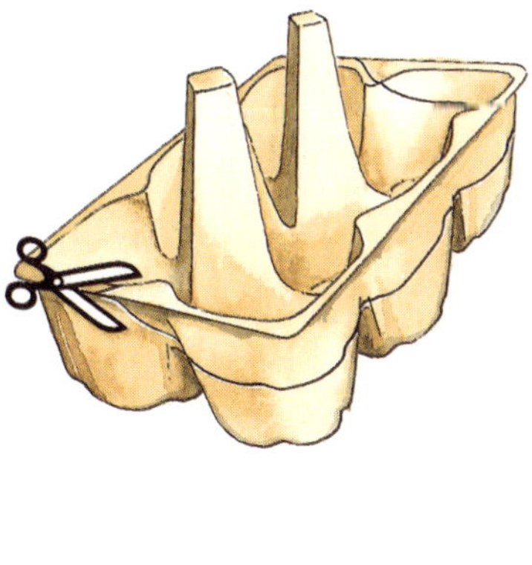

3. Jetzt decken wir unseren Arbeitsplatz mit alten Zeitungen ab und bemalen den Eierkarton rundherum mit orangegelber Wasserfarbe.

4. Während die Farbe trocknet, übertragen wir mit Pauspapier und Bleistift den Kamm mit dem Schnabel und den Kehllappen je zweimal auf rotes Tonpapier und schneiden diese Teile aus.

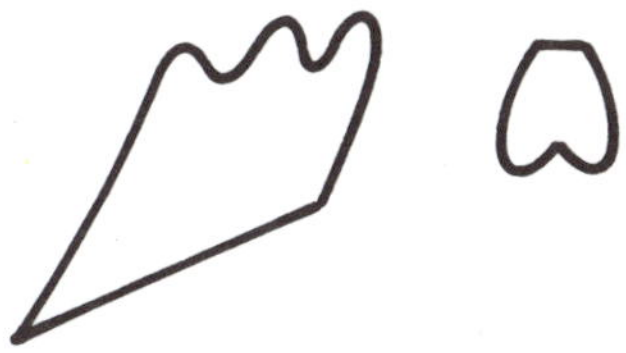

5. Aus dem schwarzen Tonpapier schneiden wir vier Kreise für die Augen aus. Mit einem Locher können wir allerdings diese schwarzen Kreise auch aus schwarzem Papier stanzen.

6. Sobald der Eierkarton getrocknet ist, schneiden wir mit einem Messer in die beiden Säulen des Eierkartons zwei etwa 1 cm lange Schlitze, und zwar so, daß sich die Hähne gegenüberstehen.

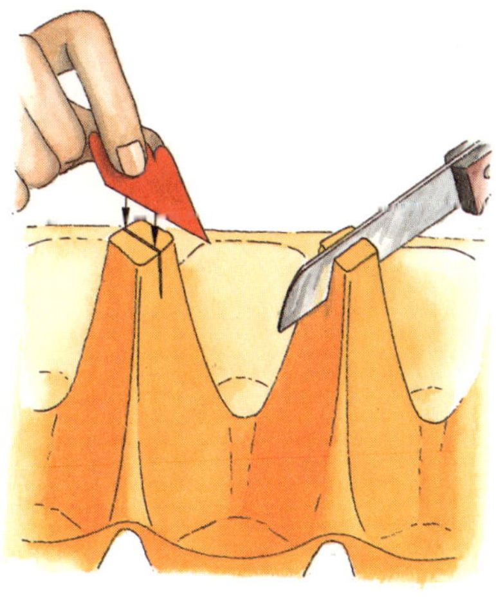

7. Nun können wir die Hahnenkämme mit den angeschnittenen Schnäbeln in die Schlitze stecken. Die Kehllappen kleben wir unter den Schnäbeln mit Bastelkleber fest. Die Augen befestigen wir rechts und links neben dem Kamm ebenfalls mit Bastelkleber.

8. Für die beiden prächtigen Hahnenschwänze brauchen wir viele bunte Papierstreifen. Die Streifen sollen 0,5 cm breit und 14 cm lang sein. Wir brauchen mindestens 40 solcher Streifen, pro Schwanz 20.

9. Die bunten Papierstreifen kleben wir an einem Ende zusammen, dann ziehen wir sie vorsichtig über eine Schere, damit sie sich hübsch aufrollen. Den Schwanz kleben wir fest.

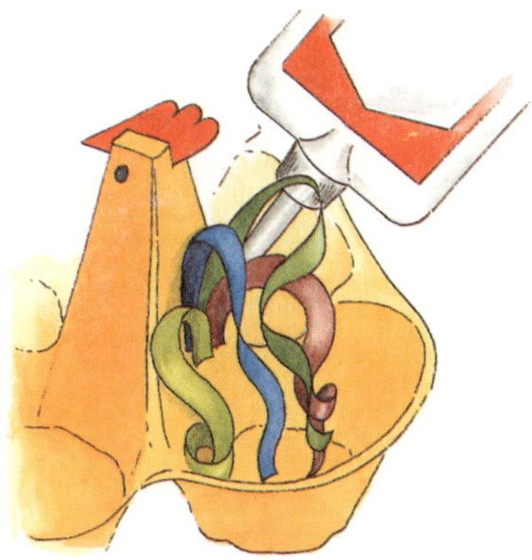

10. Die freien Eikammern füllen wir mit etwas Ostergras und setzen bunte Ostereier oder kleine Überraschungen hinein.

Blumentopf-Eierbecher

Warum nicht einmal einen kleinen Blumentopf als Eierbecher verwenden? Die winzigen Tontöpfe werden grundiert und dann phantasievoll bemalt. Später setzen wir kleine Pflanzen in die Blumentöpfe.

Material:
- *alte Zeitungen*
- *Malkittel*
- *Blumentöpfe aus Ton (Durchmesser 5 cm)*
- *Schüssel mit kaltem Wasser*
- *Plakafarben*
- *Pinsel*
- *Bleistift*
- *eventuell Pauspapier*
- *Klarlack zum Sprühen (FCKW-frei)*

1. Zuerst decken wir unseren Arbeitsplatz mit alten Zeitungen ab und ziehen den Malkittel an.

2. Damit die Tontöpfe nicht soviel Farbe aufsaugen, legen wir sie 5 Minuten in kaltes Wasser. Anschließend lassen wir sie trocknen.

3. Danach müssen wir die äußeren Wände der Blumentöpfe mit einer hellen Farbe bestreichen. Das Innere und der Boden werden nicht bemalt. Helle Farben leuchten stärker, wenn wir den Topf mit weißer Farbe grundieren.

4. Wollen wir den Topf mit bunten Streifen bemalen, legen wir einen Bleistift auf einen Gegenstand, halten ihn fest und drehen dabei den Blumentopf direkt vor der Bleistiftspitze.

5. Wenn wir kleine Motive aus Büchern oder Zeitschriften übernehmen wollen, übertragen wir diese Muster mit Pauspapier und Bleistift auf den Blumentopf. Sehr hübsch sind aber auch freie Zeichnungen, wie Blumen, Ostereier, Wellenlinien, Striche, unterschiedlich große Punkte und Kreise in verschiedenen Farben. Die Konturen von Figuren auf hellem Hintergrund können auch mit schwarzem Filzstift nachgezogen werden.

6. Die Farben werden noch kräftiger, wenn wir sie nach dem Trocknen nochmals auftragen.

7. Wenn die Farbe getrocknet ist, besprühen wir die Töpfe im Freien mit FCKW-freiem Klarlack.

Stehaufhäschen

Ein Stehaufmännchen ist ein kleiner Kerl, den man hin- und herschubsen kann, er fällt nicht um, er steht immer sofort wieder auf. Genauso macht es unser Stehaufhäschen. Es ist mit Gips gefüllt und mit typischen Hasenohren, lustigen Augen und langen Barthaaren beklebt. Wenn wir weiße Eier verwenden, malen wir sie mit Plakafarben hellbraun an.

Material:

☞ *braune Eier zum Ausblasen*
☞ *Schüssel*
☞ *dünne und dicke Nadeln*
☞ *etwas Knete*
☞ *alte Zeitungen*
☞ *Eierkarton oder Eierbecher*
☞ *1 Strohhalm*
☞ *Plastikkännchen*
☞ *Gips*
☞ *Stock zum Umrühren*
☞ *Pauspapier*
☞ *Bleistift*
☞ *Schere*
☞ *Rest dunkelbraunes Tonpapier*
☞ *Rest hellbraunes oder weißes Papier*
☞ *Rest schwarzes und weißes Papier*
☞ *Bastelkleber*

1. Mit einer dünnen Nadel stechen wir das spitze und stumpfe Ende des Eies an. Danach vergrößern wir die Löcher mit einer dickeren Nadel. Die beiden Löcher dürfen allerdings nicht zu groß sein. Danach stechen wir mit einer langen Nadel durch ein Loch in das Eidotter, damit wir es leichter herausblasen können. Das Eierausblasen kann man auch mit einem Gummiblasebalg machen.

2. Das Loch am stumpfen Ende verschließen wir mit etwas Knete. Dann stellen wir das Ei in einen Eierkarton oder einen Eierbecher.

3. Wir decken unseren Arbeitsplatz mit alten Zeitungen ab und rühren etwas Gips mit kaltem Wasser in dem Gefäß an. Der Gipsbrei soll flüssig wie Dosenmilch sein.

4. Jetzt stecken wir ein Stück Strohhalm in das obere Loch unseres Eies und gießen den Gips hinein. Das Ei soll etwa bis zur Hälfte gefüllt sein. Während des Trocknens muß es ganz gerade stehen.

5. Inzwischen übertragen wir die Hasenohren und die Augen mit Pauspapier auf Tonpapier. Die großen Ohren schneiden wir aus dunkelbraunem Tonpapier, die kleineren, inneren Ohren kleben wir so auf die größeren, daß rundherum ein dunkelbrauner Rand stehen-

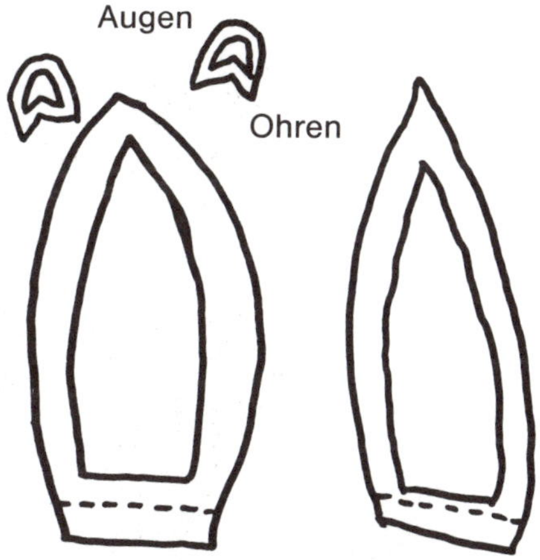

bleibt. Die Augen sind weiß, die Pupillen werden aus schwarzem Papier ausgeschnitten und in die weißen Augen geklebt. Für die Nase schneiden wir aus schwarzem Papier ein Dreieck aus. Aus schwarzem Papier schneiden wir jetzt noch zehn ganz dünne, 8 cm lange Streifen für die Barthaare.

6. Die Ohren knicken wir an der gestrichelten Linie nach hinten und kleben sie auf das spitze Ende unseres Eies. Darunter befestigen wir die Augen und die Nase mit Klebstoff, darunter wiederum kleben wir die Barthaare fest.

Buntbemalte Kresseeier

Ein witziger und vitaminreicher Tischschmuck für den Ostertisch! Weil die Kresse drei bis vier Tage zum Wachsen braucht, müssen wir frühzeitig mit der Herstellung der Kresseeier beginnen.

Material:

- *Eier*
- *dünnschalige Tasse*
- *Schüssel*
- *Wasser*
- *Eierbecher*
- *Plakafarben*
- *Pinsel*
- *Tonpapierreste oder Reste von dünner, farbiger Pappe*
- *Lineal*
- *Bleistift*
- *Schere*
- *Bastelkleber*
- *Watte*
- *Tütchen Kressesamen*
- *Klarsichtfolie*

1. Die Eier werden über einer dünnschaligen Tasse in eine Schüssel aufgeschlagen. Die beiden Eihälften spülen wir gründlich mit lauwarmem Wasser aus.

2. Danach stellen wir die Eihälften in einen Eierbecher und bemalen sie in einer Farbe und betupfen sie mit einer anderen. Oder wir bemalen die Eihälfte mit bunten Streifen oder Wellenlinien. Wenn der obere Teil getrocknet ist, drehen wir die Eihälften um und bemalen die andere Seite.

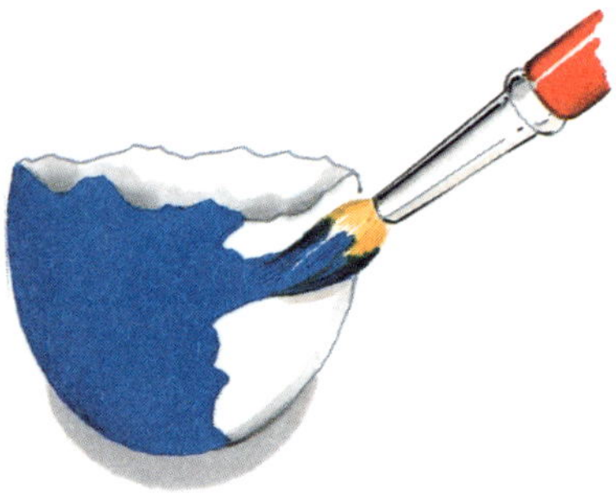

3. Für die bunten Eierständer markieren wir mit Lineal und Bleistift auf dem farbigen Karton Streifen von 2,5 cm Breite und 12 cm Länge und schneiden sie aus. Diese Eierständer sollen farblich zu den bemalten Eihälften passen. Die Pappstreifen schließen wir an den äußeren Kanten mit Klebstoff und setzen die bemalten Eihälften hinein.

4. Die Eihälften füllen wir mit Watte, befeuchten sie, streuen Kressesamen hinein und decken sie mit Klarsichtfolie ab. Jeden Tag geben wir etwas frisches Wasser hinzu. Sobald sich die ersten grünen Blättchen zeigen, nehmen wir die Folie ab.

Witzige Spiegelei-Eierbecher

Für die abgebildeten Eierbecher brauchen wir nicht sehr viel Material: etwas Modelliermasse und Farbe. Sie schmücken den morgendlichen Ostertisch und sind gern gesehene Geschenke zum Osterfest.

Material:
- *lufttrocknende Modelliermasse (aus dem Bastelgeschäft)*
- *1 hartgekochtes Ei*
- *Plakafarbe in Dottergelb*
- *Pinsel*
- *Klarlack zum Sprühen (FCKW-frei)*

1. Wir nehmen eine Handvoll Modelliermasse in die Hand und formen sie zu einer flachen, knapp 1 cm dicken Scheibe.

2. Jetzt drücken wir in einen äußeren Rand ein hartgekochtes Ei, damit später unser weichgekochtes Ei festen Halt findet.

3. Dann bearbeiten wir unsere flache Scheibe mit feuchten Fingern derart, daß sie zu den äußeren Rändern hin immer dünner wird, also einem Spiegelei ähnelt. Wie das Foto zeigt, müssen nicht alle Seiten direkt auf der Tischplatte aufliegen, sondern können auch etwas höher stehen.

4. Wenn die Modelliermasse nach zwei bis drei Tagen getrocknet ist, malen wir die Kuhle für das Ei dottergelb an und überziehen das Eigelb und das Eiweiß mit FCKW-freiem Klarlack – fertig ist der witzige Eierbecher.

Sammlerstücke

für daheim

Muschelbilderrahmen

Wer sammelt nicht gern große und kleine Schneckenhäuser und Muschelschalen während eines langen Strandspaziergangs? Es gibt kaum schönere Dinge, um einem Urlaubsfoto den geeigneten Rahmen zu geben.

Material:
- *1 DIN-A4-Bogen farbiger Karton*
- *1 farblich zum ersten passender Karton (mindestens 25 x 30 cm)*
- *Lineal*
- *Bleistift*
- *Schere*
- *Muscheln und Schneckenhäuser*
- *Bastelkleber*
- *1 Urlaubsfoto*
- *1 Bildaufhänger*

1. Auf dem kleineren, farbigen Karton markieren wir uns mit Lineal und Bleistift ein 20 x 25 cm großes Rechteck und schneiden es mit der Schere aus.

2. Das schönste Urlaubsfoto befestigen wir mit Klebstoff genau in der Mitte dieses Kartons.

3. Jetzt legen wir unsere Muscheln und Schneckenhäuser rund um das Bild. Wenn uns die Anordnung gefällt, bestreichen wir die Ränder der Muscheln und Schneckenhäuser mit Alleskleber und drücken sie auf den Karton.

4. Nun kleben wir unser eingerahmtes Bild auf einen etwas größeren, farblich zum anderen passenden Karton. Erst wenn der Klebstoff getrocknet ist, können wir genau in der Mitte des größeren Kartons den Bildaufhänger befestigen.

Sommersouvenirs in der Schachtel

Während eines Strandspaziergangs finden wir nicht nur Muscheln und Schneckenhäuser. Im Sand liegen ebenso alte Holzstücke, Federn, vom Wasser rundgeschliffene Glasstücke, getrocknete Grasbüschel, Steine und anderes. Wenn wir unser Strandgut und eine Tüte Sand mit nach Hause nehmen, können wir daraus ein dekoratives Erinnerungsstück basteln, das uns immer an den Urlaub zurückdenken läßt.

Material:

- ☞ *Deckel eines großen Schuhkartons oder ein altes Tablett*
- ☞ *blaues Transparentpapier*
- ☞ *Bastelkleber*
- ☞ *Sand*
- ☞ *Strandgut*

1. Zuerst legen wir den Deckel unseres Schuhkartons oder das Tablett mit dem blauen Transparentpapier aus. Dieses Papier kleben wir an einigen Stellen fest.

2. Jetzt schütten wir auf das Transparentpapier den Sand und verteilen ihn gleichmäßig.

3. In den Sand legen wir nun unser Strandgut, wie es das Foto zeigt. Zum Schluß ordnen wir die Federn darüber und stecken an einer oder zwei Seiten das getrocknete Gras in den Sand.

Nußkalender für die Adventszeit

Material:
- *alter, getrockneter Ast*
- *mitteldicke, rote Wolle*
- *Schere*
- *Bastelkleber*
- *verschiedene Nüsse*
- *rote Papierserviette*
- *kleine Weihnachtsüberraschungen*

1. Zuerst befestigen wir den trockenen Ast mit einem oder zwei roten Wollfäden an der Zimmerdecke oder am Fensterrahmen.

2. In beliebigen Abständen knoten wir an den Ast sieben 1 m lange, rote Wollfäden.

3. Nun befestigen wir mit einem Knoten oder auch mit etwas Klebstoff große Nüsse, Erdnüsse jeweils drei in verschiedenen Abständen an den Wollfäden.

4. Für den 24. Dezember können wir ein kleines Geschenk als Überraschung in eine rote Papierserviette packen und an einem Faden festknoten.

5. Den Abschluß der Fäden bilden eingeknotete Nüsse oder kleine Schleifen.

Dieser ungewöhnliche Adventskalender erfordert ein wenig Geduld, denn es ist nicht immer so einfach, eine oder mehrere Nüsse an den Wollfaden zu knoten. Wer die Nüsse mit viel Mühe festgebunden hat, möchte damit vielleicht lieber sein eigenes Zimmer vorweihnachtlich schmücken und läßt die Nüsse die 24 Dezembertage an dem Zweig. Sehr hübsch sieht es aus, wenn wir zwischen den Wollfäden mit den Nüssen Stroh- oder Papiersterne befestigen. Darüber hinaus ist ein solcher Adventskalender gleichzeitig ein dekoratives Geschenk.

Kastanien- und Eicheltiere

Im Herbst finden wir beim Spazierengehen im Wald oder im Park zahlreiche hochglänzende Kastanien und mattgelbe Eicheln. Sie dienen vielen Tieren als Nahrung. Aber trotzdem können wir einige dieser Früchte aufsammeln, um daraus kleine Igel und Pferde zu basteln.

Material:

- *Kastanien und Eicheln*
- *Zahnstocher oder Streichhölzer*
- *Lineal*
- *Schere oder kleines Messer*

1. Die frisch gefallenen Kastanien sind noch so weich, daß wir mit der Spitze eines Zahnstochers kleine Löcher in die dunkelbraune Oberfläche stechen können.

2. So viele Zahnstocher, wie unser Igel Löcher hat, brechen wir etwa 2 bis 3 cm unterhalb der Spitze ab und stecken sie mit der Spitze nach außen in die Kastanie.

3. Für die Augen und Nase piksen wir drei Löcher. Wir nehmen ein kleines Stück Zahnstocher mit zwei stumpfen Enden und stecken es in das mittlere Loch für die Nase.

4. Für eine Eichelpferd brauchen wir zwei Eicheln, zwei kurze Hölzchen für die Ohren, ein etwas längeres für den Hals sowie vier gleichlange Zahnstocher oder Streichhölzer für die Beine.

Schalentiere aus Walnüssen

Die kleinen Tiere könne wir ohne großen Aufwand herstellen. Wenn wir uns eine ganze Schildkrötenfamilie oder Mäusefamlie basteln, haben wir ein nettes Spielzeug für lange Winterabende. Bevor wir jedoch mit unserer Arbeit beginnen können, müssen wir einige Walnüsse knacken. Die süßen Kerne belohnen uns für die harte Arbeit.

Material:

- *½ Walnußschalen*
- *Pauspapier*
- *Bleistift*
- *Rest braunes Tonpapier oder Papprest*
- *Schere*
- *Bastelkleber*
- *schwarzer Filzstift*
- *grauer, mitteldicker Wollfaden (ca. 30 cm lang)*

Schildkröte

1. Mit Pauspapier und Bleistift übertragen wir die Schildkröte auf das Tonpapier und schneiden sie dann sorgfältig aus.

Abpausvorlage

2. Jetzt bestreichen wir die Ränder der Walnußschale mit Bastelkleber und setzen sie auf die Tonpapierschildkröte. Das spitze Ende ist das Hinterteil, das runde das Vorderteil.

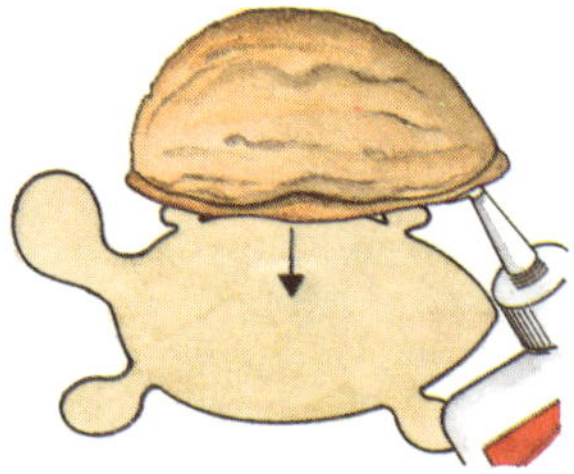

3. Mit braunen Filzstift malen wir zum Schluß zwei Augen und ein freundliches Maul auf den Papierkopf.

Maus

1. Das Mäuschen ist genauso einfach herzustellen wie die Schildkröte. Wir legen die Walnußhälfte auf das Tonpapier oder die Pappe und fahren die Kontur mit dem Bleistift nach. Wir schneiden den Umriß aus.

2. Von der Wolle schneiden wir ein etwa 12 cm langes Stück ab. Jetzt geben wir am runden Ende der Nußschale etwas Bastelkleber ins Innere und drücken ein Ende des Wollfadens dort hinein, das andere Ende hängen wir nach draußen.

3. Wir bestreichen die Ränder der Nußschale mit etwas Klebstoff und drücken dann die ausgeschnittene Pappe genau darauf.

4. Mit schwarzem Filzstift malen wir am spitzen Ende zwei runde Augen auf.

5. Einen kurzen Wollfaden kleben wir kurz über der Spitze an und ziehen die Wolle etwas auseinander, damit unser Mäuschen zarte Barthaare bekommt.

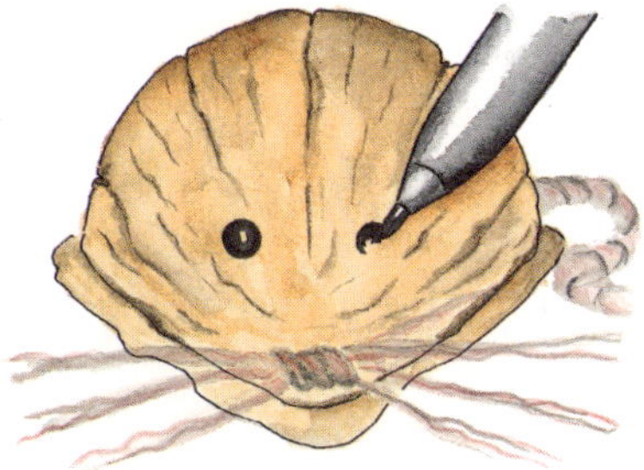

Kerniger Christbaumschmuck

Ein origineller Weihnachtsbaumschmuck kann aus vielerlei getrockneten Kernen, Hülsenfrüchten und Gewürzen gezaubert werden. Als Figuren eignen sich Stern, Baum, Herz ebenso Glocke, Tiere und Männlein wie Weiblein.

Material:

- *Erbsen, Linsen, Bohnen, Hirse, Reis, Mohn, Sesam, Sonnenblumenkerne, Maiskörner, Nelken, Sternanise, Zimtstangen, Senfkörner, Wacholderbeeren, Pfefferkörner, Koriandersamen, Kardamomsamen*
- *Schälchen oder Teller*
- *dünne Pappe*
- *Pauspapier*
- *Bleistift*
- *Schere*
- *kleines Messer*
- *Alleskleber*
- *Geschenkband oder Wollfäden*

1. Zuerst legen wir unsere verschiedenen Kerne, Gewürze und Hülsenfrüchte auf verschiedene Teller. So können wir schneller die passenden Teile finden.

2. Für jeden Anhänger brauchen wir zwei gleiche Formen aus Karton. Mit Pauspapier und Bleistift übertragen wir die Figuren zweimal auf die Pappe und schneiden sie aus. Für runde Anhänger suchen wir uns Cremedosen, Gläser oder andere runde Gegenstände.

3. Bevor wir mit der Klebearbeit beginnen, müssen wir uns überlegen, ob wir zuerst mit der Kontur oder mit der Mitte unserer Figur beginnen wollen.

4. Wir bestreichen die Pappe mit Bastelkleber und drücken die Kerne, Gewürze oder Hülsenfrüchte hinein. Erbsen, Linsen und Bohnen lassen wir von einem älteren Kind oder einem Erwachsenen mit einem Messer halbieren. Jede Reihe oder jede Kontur sollte sich von der folgenden in Form und/ oder Farbe gut unterscheiden.

5. Die zweite Pappfigur wird nach demselben Muster geklebt.

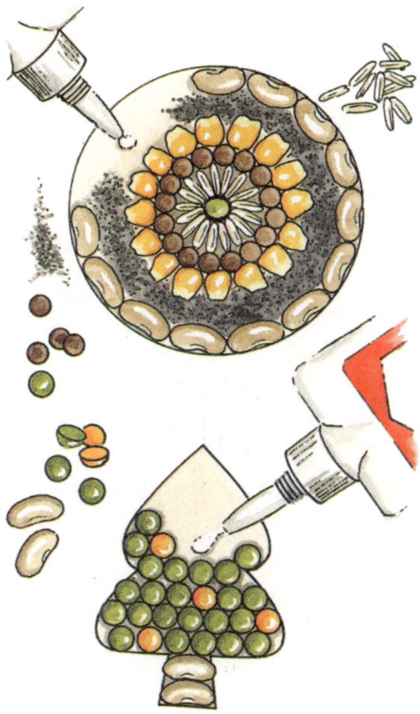

6. Wenn wir beide Teile beklebt haben, geben wir auf die Rückseite einer Figur in die Mitte Klebstoff, drücken ein Stück Geschenkband oder einen Wollfaden als Schlaufe hinein und pressen die andere Hälfte der Figur darauf. Nach dem Trocknen des Klebstoffs kann die Figur aufgehängt werden.

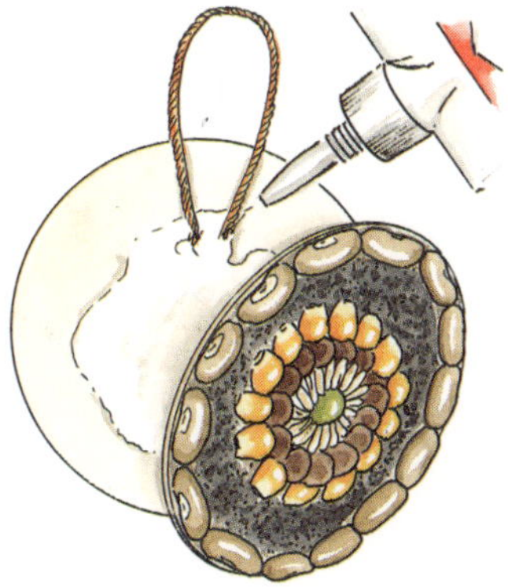

Abpausvorlagen

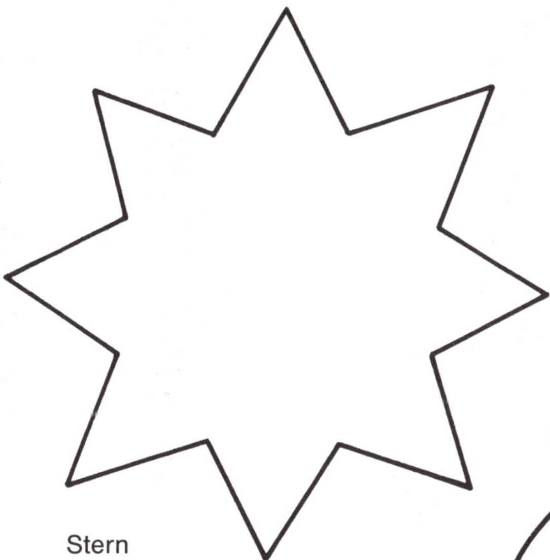

Stern
2 x abpausen

Baum
2 x abpausen

Herz
2 x abpausen

Haselnußmännchen mit Hut

Das Haselnußmännchen mit seinem großen Hut können wir an kahle oder blühende Zweige, an Lampen oder Pflanzen hängen. Es kann aber auch ebensogut als Preis bei einem Spiel eingesetzt werden.

Material:

- ☞ *alte Zeitungen*
- ☞ *1 Haselnuß*
- ☞ *1 Holzperle (Durchmesser 1 cm)*
- ☞ *Bastelkleber*
- ☞ *Wasserfarben*
- ☞ *dünner Pinsel*
- ☞ *Klarlack zum Sprühen (FCKW-frei)*
- ☞ *Filzreste*
- ☞ *Fünfmarkstück*
- ☞ *Bleistift*
- ☞ *Schere*
- ☞ *Nadel*
- ☞ *Faden (30 cm)*

1. Wir decken unseren Arbeitsplatz mit alten Zeitungen ab. Dann kleben wir die Holzperle mit Alleskleber auf das flache Ende der Haselnuß.

2. Wenn der Klebstoff getrocknet ist, malen wir eine schwarze Ponyfrisur und zwei schwarze Augen auf die Holzperle. Mit roter Farbe malen wir zwei Nasenlöcher und einen Mund. Für die weißen Pupillen verwenden wir etwas weiße Farbe.

3. Sobald die Farbe getrocknet ist, besprühen wir die kleine Figur mit FCKW-freiem Klarlack und lassen sie trocknen.

4. Inzwischen schneiden wir aus dem Filzrest einen 1 cm breiten und 6 cm langen Streifen ab. Wir hängen den Schal um unser Männchen und befestigen ihn mit etwas Klebstoff.

5. Jetzt legen wir das Fünfmarkstück auf den Filz, fahren mit Bleistift die Kontur nach und schneiden sie aus.

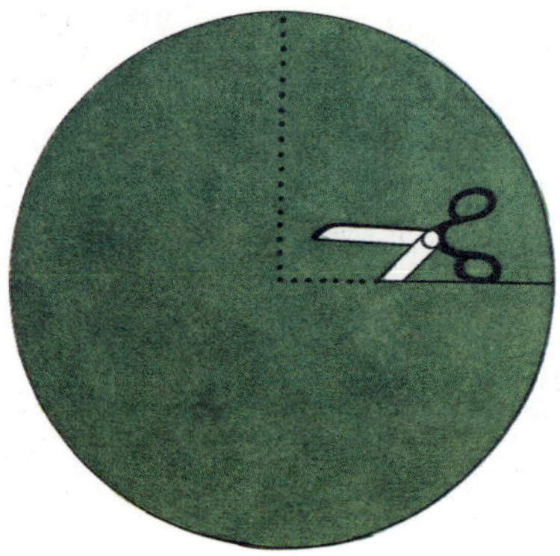

6. Wir suchen den Mittelpunkt des runden Filzstückes und schneiden, wie die Zeichnung zeigt, ein Viertel davon aus. Danach kleben wir die Schnittkanten aufeinander, so daß eine kleine Tüte entsteht. Einen Teil des Randes biegen wir als Krempe um.

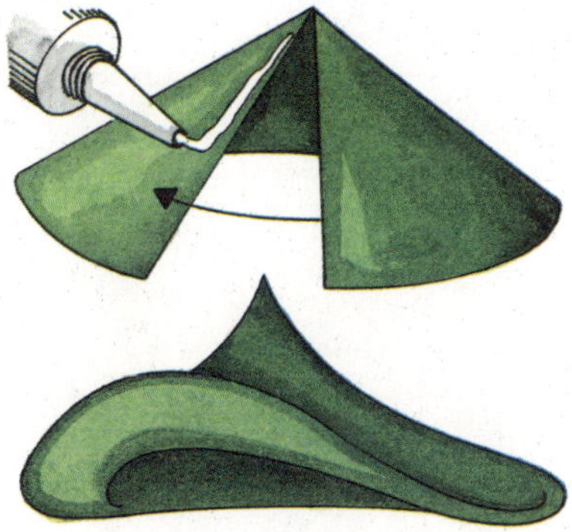

7. Eine Nadel mit einem ungefähr 30 cm langen Faden ziehen wir durch die Hutspitze und verknoten die Fadenenden miteinander. Jetzt brauchen wir den Hut nur mit Klebstoff auf dem Kopf zu befestigen. Nach dem Trocknen können wir das Männchen aufhängen.

Phantastische Fabelwesen

Die unterschiedlichen Materialien für unsere Bastelarbeiten finden wir nicht nur zu Hause oder im Bastelgeschäft. Auch auf unseren Spaziergängen in Wald und Feld finden wir Moose, getrocknete Blätter, Baumpilze, Tannenzapfen, Bucheckern, Eicheln, Tannennadeln, Baumrinde, kleine Äste und vieles andere mehr. Sammeln wir dieses natürlich gewachsene Material, können wir die verrücktesten Figuren daraus basteln. Mit diesen kleinen, zerbrechlichen Feen, Waldschraten, Gnomen und Fabeltieren können wir spielen, unser Fensterbrett oder das Bücherregal verzieren.

Material:

- ☞ *Blätter, Moos, Baumpilze, Bucheckern, Eicheln, Baumrinde, Haselnüsse, Haselnußspelzen, Tannen- und Fichtenzapfen*
- ☞ *Naturwolle*
- ☞ *Bastelkleber*

1. Für den Schmetterling haben wir eine Streichholzschachtel mit zwei getrockneten Weinblättern und zwei Baumpilzen beklebt.

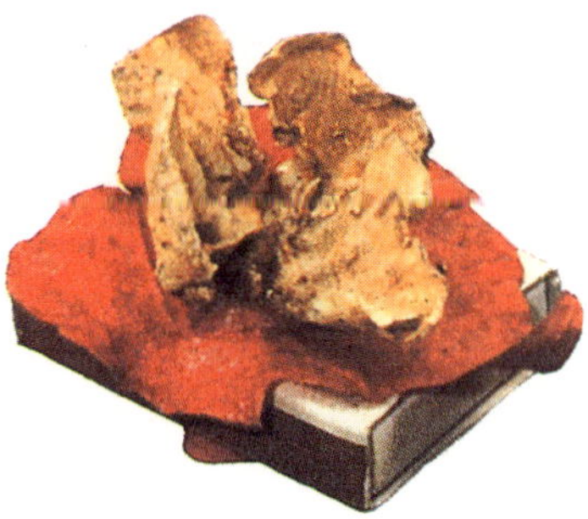

2. Unser zweiter Schmetterling besteht nur aus zwei zusammengeklebten und getrockneten Weinblättern.

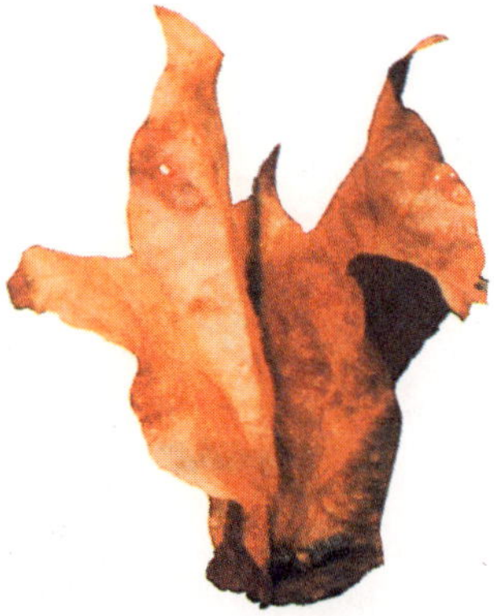

3. Die kleine Waldfee besteht aus einem Fichtenzapfen und einer Haselnuß als Kopf. Der Hut ist die Hülle einer Eichel, die Halskrause aus getrocknetem Moos und Haselnußspelzen.

4. Der Kopf und der Schwanz des stolzen Hahnes bestehen aus Haselnußspelzen, der Körper aus einem Tannenzapfen. Sein Sitzplatz ist ein Stück getrocknetes Moos.

5. Die Körper der Gnome bestehen aus einer Eichel. Für die Haare verwenden wir etwas Naturwolle. Eine Bucheckerhülse ist ein hübscher Hut. Die Gnome kleben wir auf Rindenstücke oder getrocknetes Moos.

Igel im Laub

Wenn sich unser Igel raschelnd durch das trockene Laub bewegt, könnte man vermuten, ein echter Igel bewege sich vor unseren Augen. Mit Hilfe eines Zahnrades bringen wir unseren Igel zum Laufen. Das ist gar nicht so schwer.

Material:

- *braune, feste Pappe (15 x 15 cm)*
- *Pauspapier*
- *Beistift*
- *Schere*
- *Musterklammer*
- *alte Zeitungen*
- *Malkittel*
- *braune und schwarze Wasserfarbe*
- *alte Zahnbürste*
- *Sieb für Spritztechnik oder kleines Küchensieb*
- *brauner Filzstift*
- *viele getrocknete Blätter*

1. Mit Pauspapier und Bleistift übertragen wir den Igel auf die braune Pappe. Wir schneiden die Umrisse aus. Dann übertragen wir das Zahnrad mit Pauspapier und Bleistift auf die Pappe und schneiden es ebenfalls aus.

2. Mit der Schere durchstechen wir im Igel und im Zahnrad die markierten Löcher.

3. Nun decken wir unseren Arbeitsplatz mit alten Zeitungen ab und ziehen den Malkittel an.

4. Der größte Zacken an unserem Igel ist sein Schnäuzchen. Da wir den Igelkopf nicht mit Farben bespritzen, legen wir ein halbrundes Stück Papier darüber, wie auf der Zeichnung zu sehen.

5. Nun verrühren wir etwas schwarze Wasserfarbe mit Wasser und reiben die Zahnbürste darin. Wir halten das Sieb etwa 10 cm über dem Igel und spritzen mit der Zahnbürste durch das Sieb auf die Pappe. Dabei müssen wir darauf

achten, daß nur kleine Spitzer auf die Pappe kommen und keine großen. Ebenso verfahren wir mit der braunen Wasserfarbe. Jetzt sieht unser Igel aus, als hätte er ganz viele Stacheln. Mit braunem Filzstift malen wir dem Igel ein Auge.

6. Wenn die Farbe getrocknet ist, legen wir das Zahnrad hinter den Igel Loch auf Loch und stecken die Musterklammer hindurch, die wir auf der Rückseite auseinanderbiegen. So wird der Igel beweglich und kann „laufen".

7. Wenn wir nun viele getrocknete Blätter auf den Boden legen und unseren Igel an den Stacheln fassen und über den Boden führen, könnte man wirklich meinen, einen echten Igel im Laub rascheln zu hören.

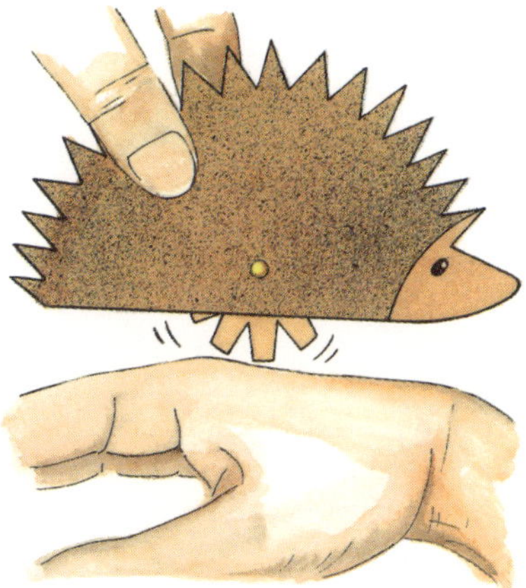

Abpausvorlagen

Zahnrad

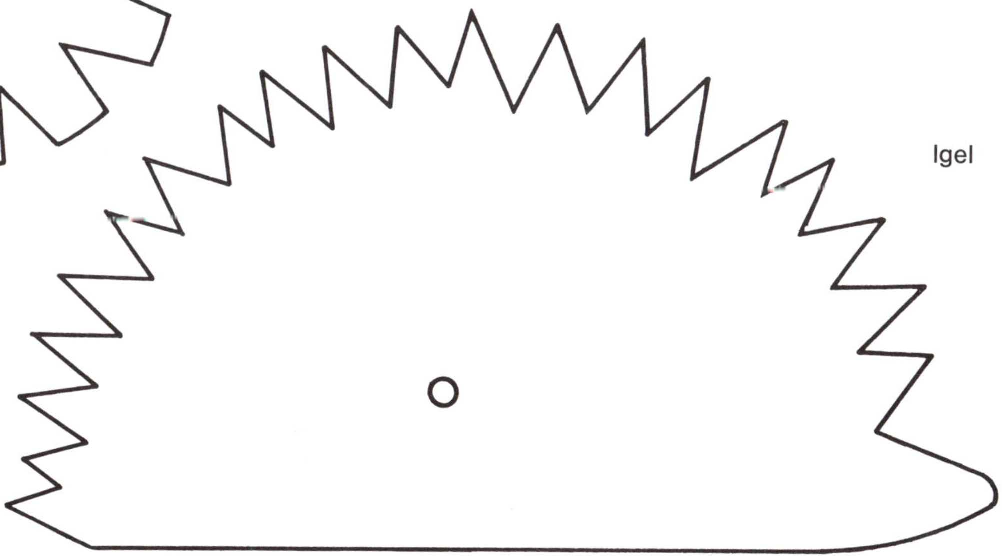

Igel

Basteleien

für Weihnachten

Adventskalender oder Fensterbild

Eine blaue Wolke, in der viele weiße Sterne glitzern und aus der heraus 24 dicke, weiße Schneeflocken fallen, ist ein hübsches Fensterbild, an dem sich die Menschen drinnen und draußen erfreuen. Wenn wir jedoch in die Schneeflocken kleine Päckchen mit Süßigkeiten oder Minispielzeug packen, haben wir so einen außergewöhnlichen Adventskalender wie sonst keiner.

Material:

- *feste Pappe (ca. 65 x 40 cm)*
- *2 Bogen hellblaues Tonpapier*
- *Bleistift*
- *Schere*
- *Bastelkleber*
- *alte Zeitungen*
- *Malkittel*
- *ca. 60 weiße Sternchen oder selbstklebende Glitzersternchen*
- *weiße Watte*
- *Nadel*
- *weißes Garn*

Für den Adventskalender:

- *weißes Seidenpapier*
- *24 kleine Süßigkeiten oder Minispielzeug*

1. Die Grundform der Wolke zeichnen wir auf feste Pappe. Dann schneiden wir sie aus.

2. Nun legen wir die Wolke auf das blaue Tonpapier, zeichnen die Konturen nach und schneiden die blaue Wolke ebenfalls aus. Das gleiche machen wir noch einmal, weil wir die Pappwolke auf der Vorder- und Rückseite mit blauem Tonpapier bekleben wollen.

3. Wir decken unseren Arbeitsplatz mit alten Zeitungen ab, ziehen den Malkittel an und bestreichen eine Seite der Pappe mit Klebstoff und legen die blaue Wolke deckungsgleich darüber. Dann drehen wir die Bastelarbeit um, bestreichen die andere Seite der Pappe mit Klebstoff und kleben die zweite blaue Wolke ebenfalls darauf.

4. Auf beide Seiten der Wolke kleben wir die weißen Sterne.

5. Für einen Adventskalender wikkeln wir 24 kleine Süßigkeiten oder Minispielzeug in weißes Papier und kleben die Watte rundherum. Für ein Fensterbild drükken wir uns 24 dicke Watteschneeflocken zurecht.

6. Nun nehmen wir Nadel und Faden und stechen damit durch die Watte, bei dem Adventskalender durch das Papier; wir machen einen Knoten und stechen durch die nächste Schneeflocke, machen einen Knoten und so weiter. Für unsere Wolke brauchen wir sechs verschieden lange Fäden mit drei, vier, sieben, fünf, zwei und drei Schneeflocken. In gleichmäßigem Abstand befestigen wir die Fäden mit den Schneeflocken an der unteren Wolke und verknoten die Fäden miteinander.

7. Nun brauchen wir noch die Aufhängung für unser Fensterbild oder den Adventskalender. Wir suchen uns zwei Punkte an der oberen Wolke und verknoten dort den Faden.

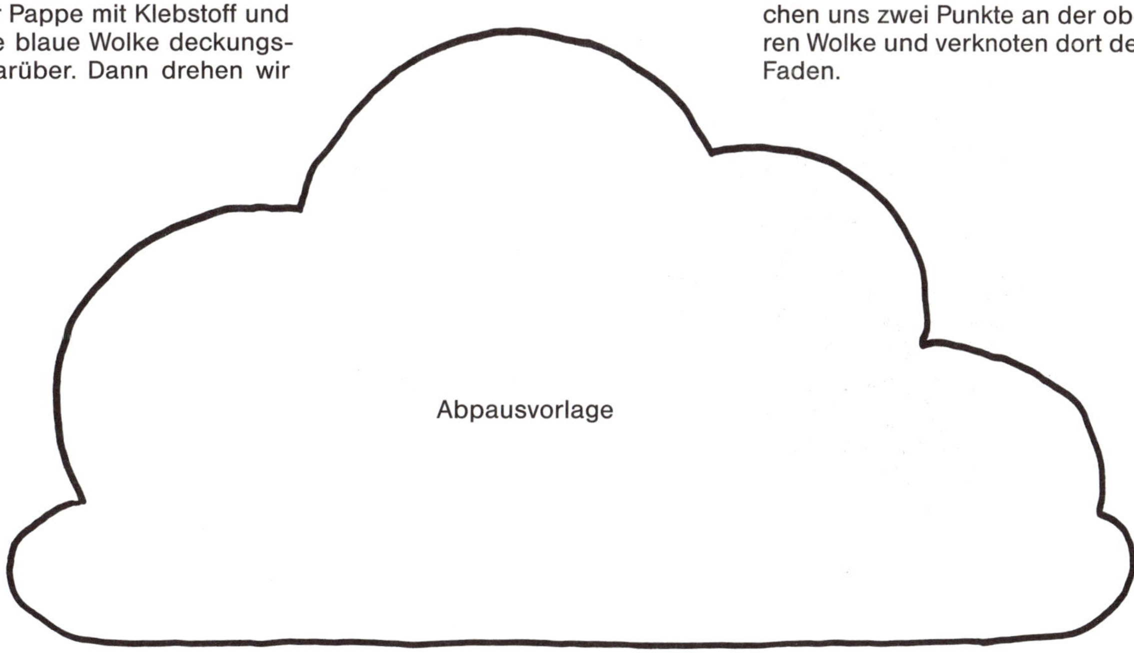

Schafe aus Naturwolle

Einfach und hübsch zugleich sind unsere kleinen Schafe. Wir können damit die weihnachtliche Tafel dekorieren oder die Weihnachtskrippe vervollständigen.

Material:
- *Pauspapier*
- *Bleistift*
- *Papprest*
- *Schere*
- *Bastelkleber*
- *ungesponnene Naturwolle*

1. Mit Pauspapier und Bleistift übertragen wir die Umrisse des Schafes und des Ohres zweimal auf unsere Pappe und schneiden die vier Teile aus. Beim Abpausen vergessen wir nicht die Markierungen für die Knicke an den Füßen.

2. Nun kleben wir die Pappschafe bis zu den Markierungen zusammen. An den Markierungen der Füße falten wir diese nach außen, damit unser Schaf gut stehen kann.

3. Die Ohren knicken wir ebenfalls an den Markierungen und kleben sie am Kopf fest.

4. Jetzt bestreichen wir eine Seite des Schafes mit Klebstoff, wobei der Kopf, die Ohren und die Füße frei bleiben. Nun drücken wir auf die bestrichenen Stellen etwas helle oder dunkle Naturwolle. Sobald sie getrocknet ist, bekleben wir die andere Seite.

Abpausvorlagen

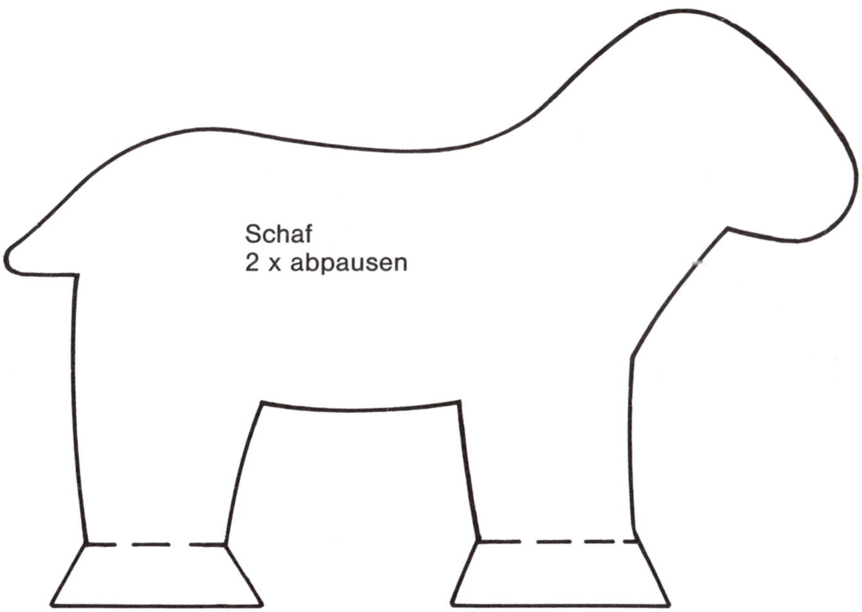

Ohren
2 x abpausen

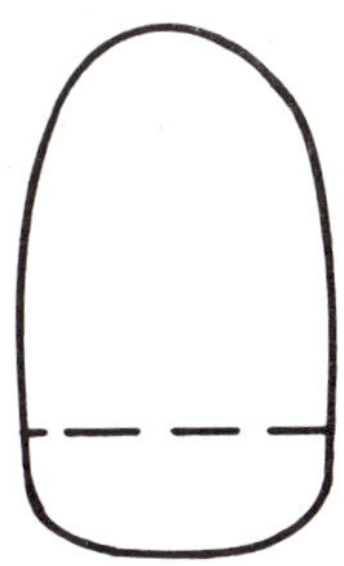

Seidenpapierstern

Ein so bunter, transparenter Stern am Fenster sieht zur Weihnachtszeit sehr hübsch aus. Wenn ein größeres Kind oder ein Erwachsener beim Rahmen des Sterns behilflich ist, kann ein kleines Kind den Innenteil bunt bekleben.

Material:

- *Pauspapier*
- *Bleistift*
- *Schere*
- *1 DIN-A5-Bogen dunkles Tonpapier*
- *1 DIN-A5-Bogen Pergamentpapier*
- *Bastelkleber*
- *bunte Seidenpapierreste*
- *durchsichtige Klebestreifen*

1. Mit Pauspapier und Bleistift übertragen wir den Rahmen unseres Sterns auf das dunkle Tonpapier (Abpausvorlage siehe Seite 188) und schneiden den Rahmen des Sterns mit einer Schere sauber aus.

2. Jetzt kleben wir den Sternrahmen auf das Pergamentpapier und schneiden das überstehende Pergamentpapier ab.

3. Zum Bekleben legen wir den Stern so vor uns hin, daß die Rückseite mit dem Pergamentpapier auf der Arbeitsplatte liegt.

4. Aus den bunten Seidenpapierresten reißen wir kleine Schnipsel und kleben sie dicht an dicht neben- und übereinander auf das Pergamentpapier. Wenn wir den Stern vor das Fenster hängen, erscheinen uns die Stellen, wo wir das Seidenpapier übereinandergeklebt haben, dunkler. Den Sternrahmen bekleben wir nicht.

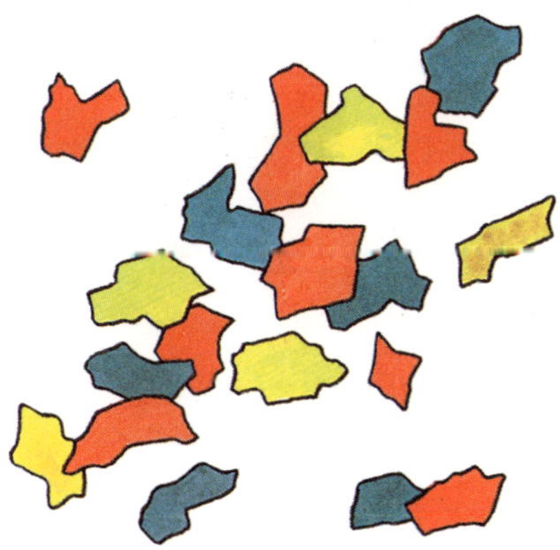

5. Mit zwei oder drei durchsichtigen Klebestreifen befestigen wir den bunten Stern so am Fenster, daß der dunkle Sternrahmen innen, zum Zimmer hin, liegt. Wenn jetzt die Wintersonne durch den Stern scheint, leuchtet er in vielen, wunderschönen Farben.

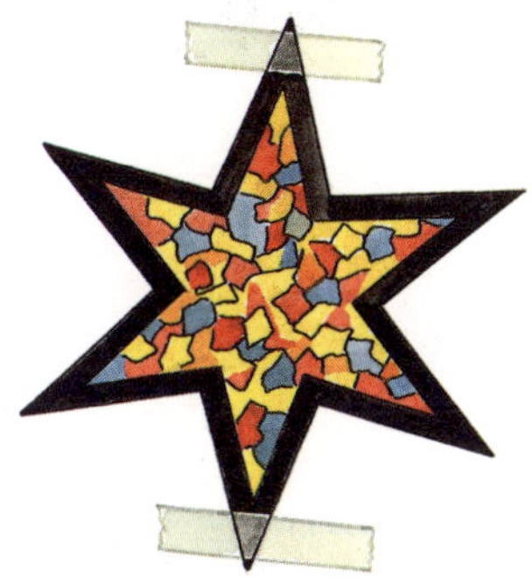

Goldige Serviettenringe

Goldene Serviettenringe gestalten die weihnachtliche Tafel festlich.

Material:

- *Goldfolie (20 x 10 cm)*
- *Pauspapier*
- *Bleistift*
- *Schere*
- *(Weihnachts)serviette*

1. Mit Pauspapier und einem Bleistift übertragen wir die Vorlage auf die Goldfolie (Abpausvorlage siehe Seite 191), die wir dann ausschneiden. Die beiden markierten Schlitze werden ebenfalls eingeschnitten.

2. Nun rollen wir unseren Streifen zu einem Ring zusammen und schieben die beiden Schlitze ineinander. Jetzt drücken wir unseren Stern noch ein wenig zurecht und stecken eine weihnachtliche Serviette hindurch.

Nikolaus für Süßigkeiten

Am Abend des 5. Dezember stellen Kinder einen Schuh vor die Tür, damit ihn der Nikolaus in der Nacht füllt. Warum bereitet ihr euren Eltern nicht auch einmal eine Überraschung und stellt ihnen einen solchen Nikolaus mit süßen Leckereien oder einem Bild oder einem Gedicht vor die Tür?

Material:

- *1 Konservendose*
- *Lineal*
- *Bleistift*
- *Schere*
- *rotes Tonpapier*
- *Rest weißes Tonpapier*
- *Rest beigefarbenes Tonpapier*
- *Klebstoff*
- *schwarzer Filzstift*
- *Rest rotes Kreppapier*
- *weiße Watte*
- *30 cm Geschenkband*
- *Süßigkeiten oder anderes*

1. Die Konservendose wird ausgewaschen und vom äußeren Papier befreit. Das geht am besten mit lauwarmem Wasser.

2. Aus rotem Tonpapier schneiden wir uns einen Streifen, der genau um unsere Dose herum paßt. Diesen Streifen kleben wir um die Dose.

3. Aus dem roten Kreppapier schneiden wir einen ebenso großen Streifen aus und kleben ihn um den oberen Rand der Dose.

4. Aus dem beigefarbenen Tonpapier schneiden wir einen Halbkreis für das Gesicht aus. Die Augen schneiden wir aus weißem Papier aus und malen mit dem schwarzen Filzstift Pupillen hinein. Dann kleben wir sie in das Gesicht und fahren die Konturen mit dem schwarzen Filzstift nach.

5. Die runde Nase besteht aus einem kleinen Kreis roten Tonpapiers, wir kleben sie mitten ins Gesicht. Dieses Gesicht kleben wir auf die Dose.

6. Rund um die Mütze kleben wir einen schmalen Wattestreifen. Das Gesicht erhält einen dicken Bart, ebenfalls aus weißer Watte.

7. Jetzt können wir den Nikolaus füllen und die rote Mütze mit etwas Geschenkband zubinden.

Transparente Weihnachtskrippe

Unser farbenfrohes Tischtransparent ist eine besonders schöne Zierde für die (vor)weihnachtliche Kaffeetafel. Als Lichtquellen dienen uns drei kleine Teelichter. Wir sollten die Kerzen allerdings nur im Beisein von Erwachsenen brennen lassen.

Material:

- *1 rechteckiger Karton (35 x 30 cm)*
- *Lineal*
- *Bleistift*
- *Papiermesser*
- *Schere*
- *Gold- und Silberfolie*
- *Bastelkleber*
- *alte Zeitungen*
- *Stück Pappe*
- *je 1 Bogen Seidenpapier in den Farben Weiß, Rot, Gelb, Orange, Violett, Blau*
- *durchsichtige Klebestreifen*
- *3 Teelichter*

1. Aus dem Karton fertigen wir den Rahmen sowie die beiden seitlichen Wände. Wir zeichnen mit Bleistift und Lineal rundherum einen 1,5 cm breiten Rand.

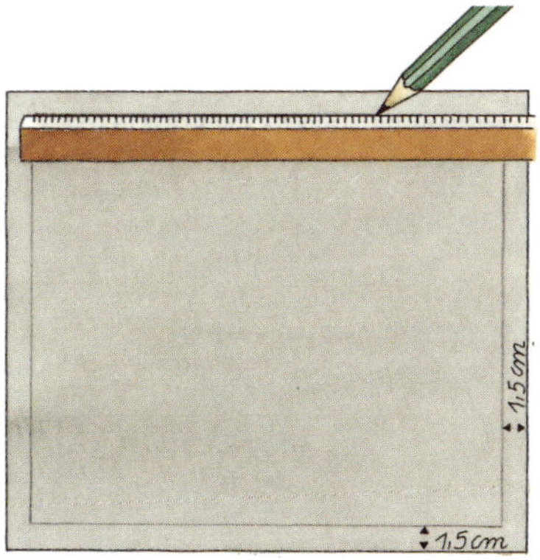

2. Unseren Arbeitsplatz legen wir mit alten Zeitungen aus und dekken zusätzlich ein Stück Pappe darüber. Auf diese Pappe legen wir unseren Karton und schneiden mit dem Papiermesser die vorgezeichnete Linie entlang. Der Rahmen für unser Transparent ist fertig.

3. Nun schneiden wir das herausgeschnittene Stück Karton in der Mitte durch, das sind unsere Stellwände.

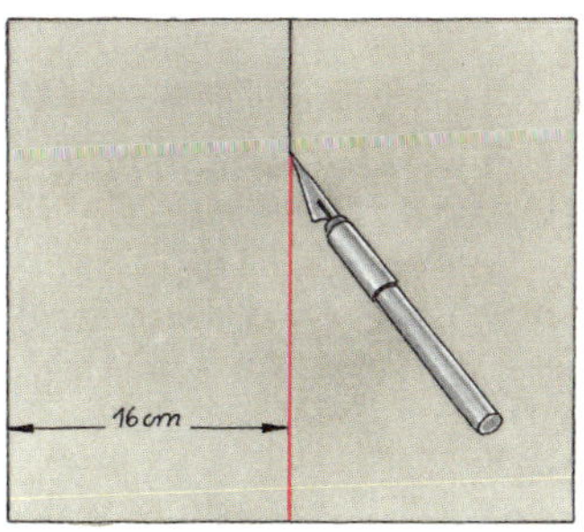

4. Den Rahmen bekleben wir mit Goldfolienstreifen und die Seitenwände mit Silberfolie. Rahmen und Seitenwände können aber auch mit goldener oder silberner Farbe oder Glitzersternchen bemalt oder beklebt werden.

5. Jetzt bestreichen wir die Rückseite unseres Rahmens mit Bastelkleber und legen darauf das weiße Seidenpapier. Überstehendes Papier schneiden wir ab.

6. Wir lassen den Rahmen mit der Goldseite auf dem Tisch liegen und beginnen mit dem Zusammenstellen der Figurengruppe. Bevor wir das Papier festkleben, sollten wir die Figuren probeweise zur Ansicht hinlegen.

7. Für die beiden Gesichter knüllen wir ein 6 x 6 cm großes weißes Stück Seidenpapier leicht zusammen und legen es auf die dafür vorgesehene Stelle.

8. Für Marias Kleid brauchen wir ein 20 x 12 cm großes Stück rotes Seidenpapier. Für das Gewand des Josef benötigen wir ein ebenso großes Stück aus blauem Papier. Sind wir mit der Anordnung zufrieden, kleben wir die beiden Figuren fest.

9. Marias Ärmel besteht aus rotem Seidenpapier (7 x 5 cm), die Hand aus einem kleinen Stück weißen Papier. Marias blauer Umhang ist aus einem 22 x 10 cm großen Stück blauen Papier, das wir ihr über den Kopf hängen.

10. Ebenso formen wir für Josef den Ärmel aus blauem Papier, die Hand aus weißem Papier und den Umhang aus violettem Papier. Josefs Haare sind ebenfalls aus violettem Papier.

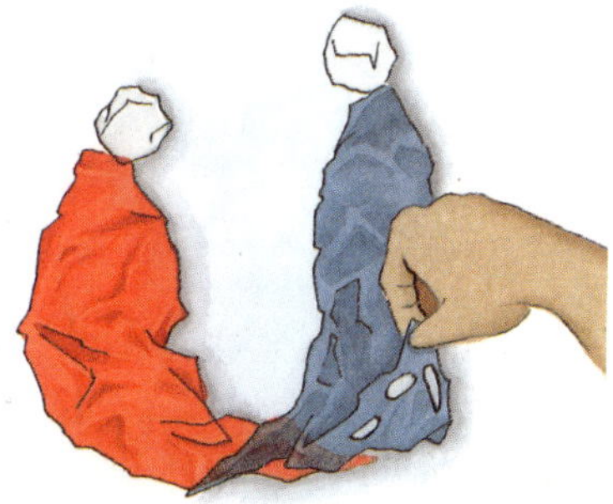

11. Für die Krippe nehmen wir ein 8 x 8 cm großes Stück orangefarbenes Seidenpapier, das wir zwischen Maria und Josef plazieren. Aus gelbem und weißem Papier formen wir das Christkind und kleben es in die Krippe.

12. Den Hintergrund unseres Bildes dekorieren wir großzügig mit gelben und orangefarbenen Seidenpapierstückchen.

13. Mit durchsichtigen Klebestreifen befestigen wir die beiden Stellwände von innen an unserem Transparent.

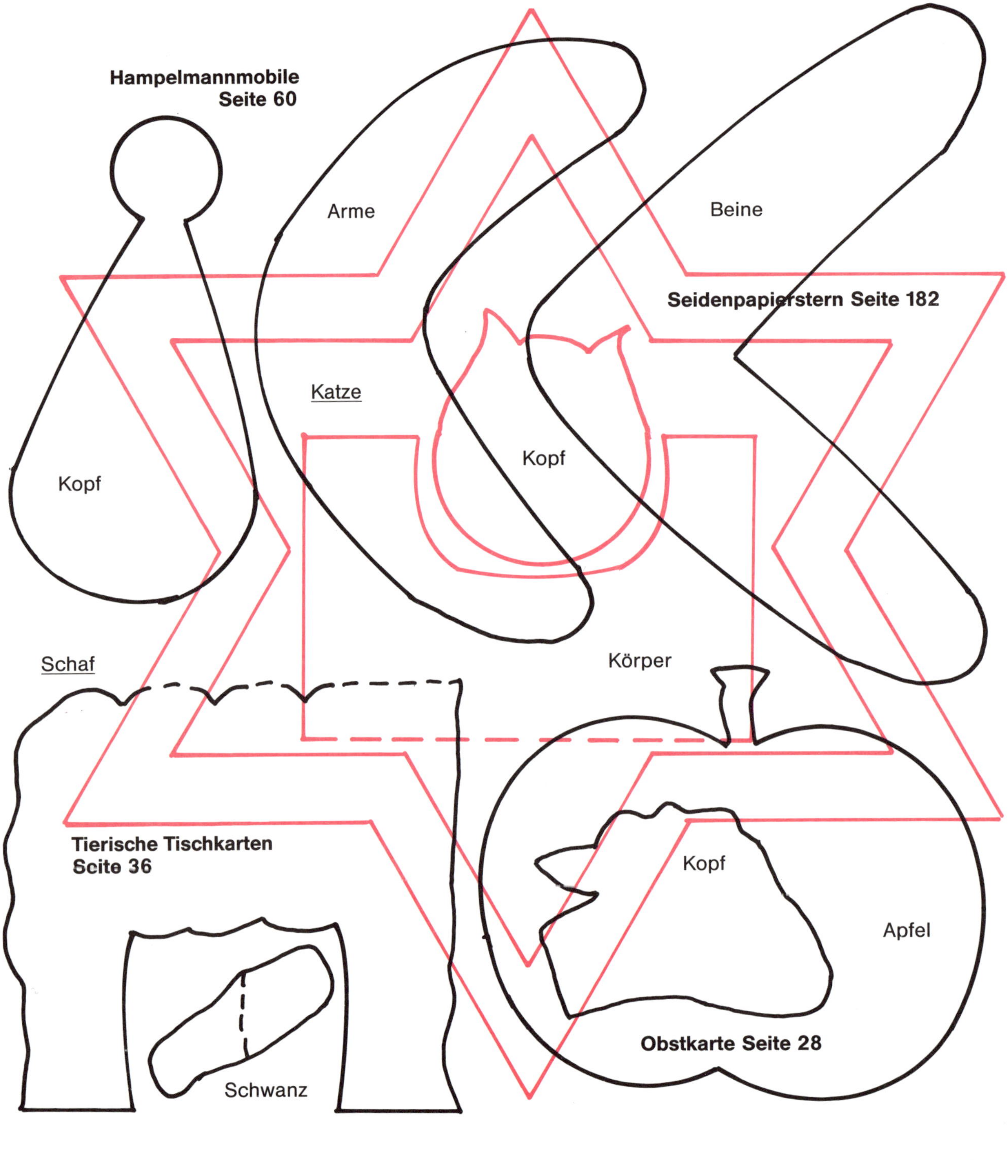

Hampelmannmobile
Seite 60
Kopf
Arme
Beine
Seidenpapierstern Seite 182
Katze
Kopf
Körper
Schaf
Tierische Tischkarten
Seite 36
Schwanz
Kopf
Apfel
Obstkarte Seite 28

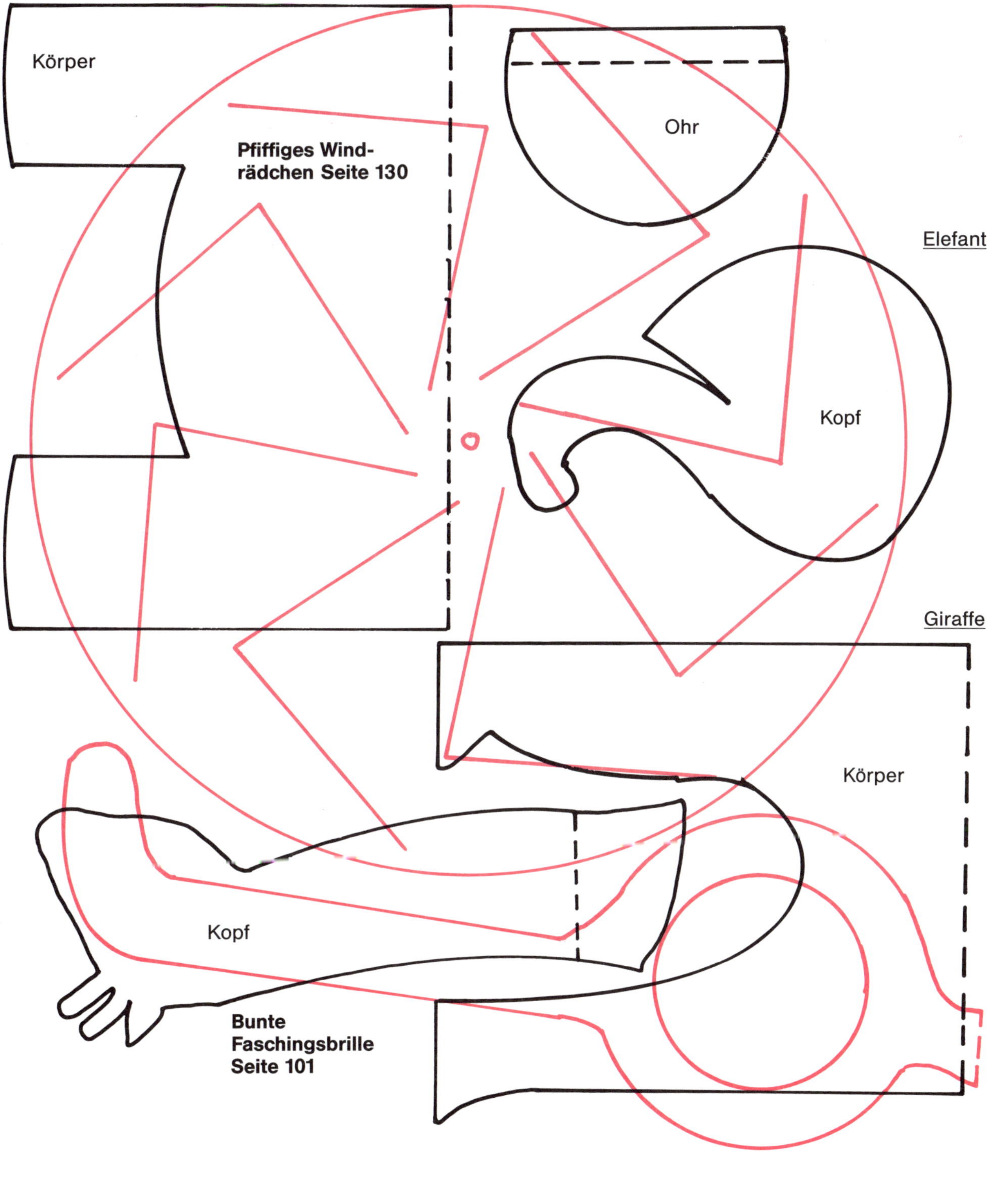
Körper
Pfiffiges Windrädchen Seite 130
Ohr
Elefant
Kopf
Giraffe
Körper
Kopf
Bunte Faschingsbrille Seite 101

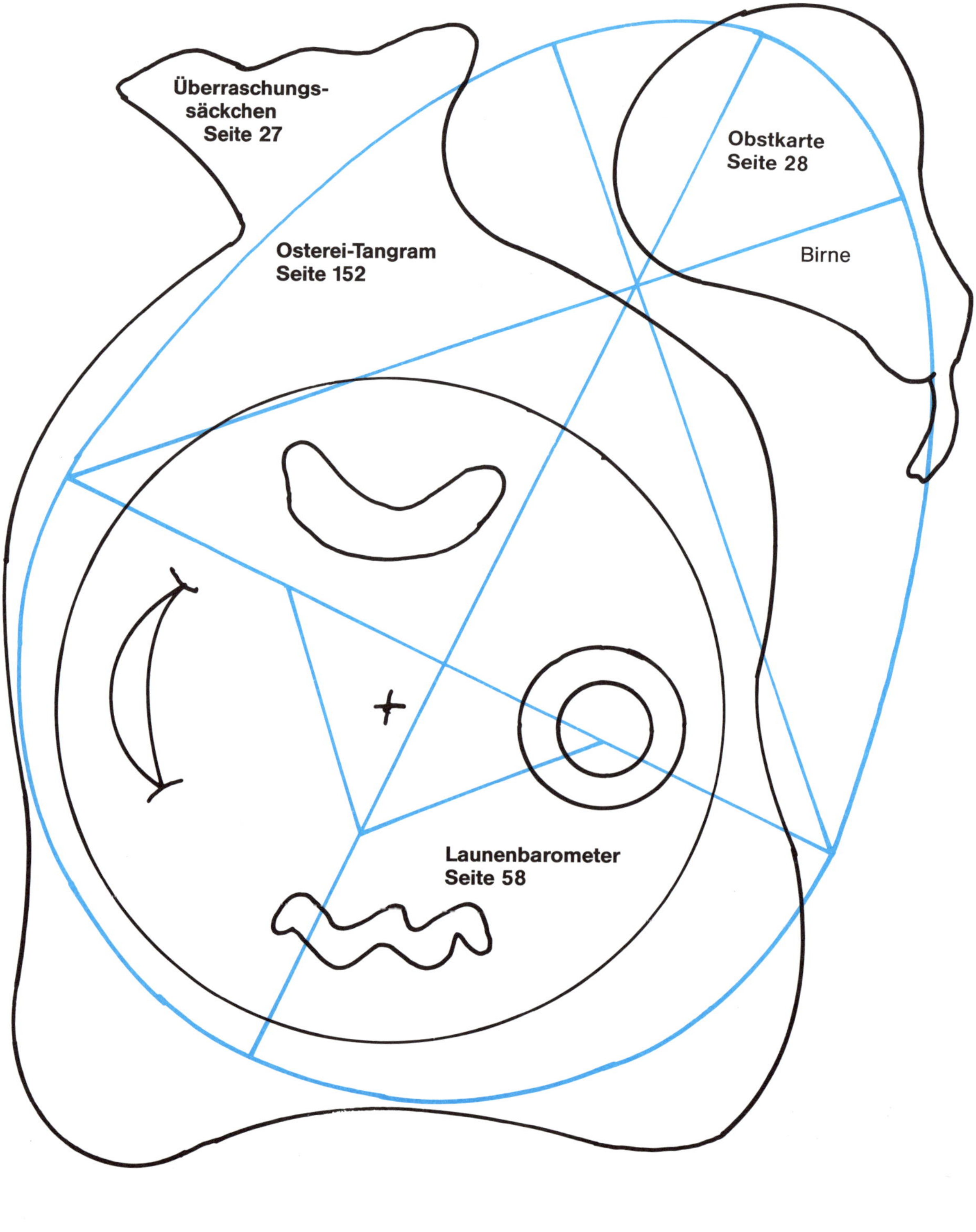
Überraschungs-
säckchen
Seite 27
Obstkarte
Seite 28
Birne
Osterei-Tangram
Seite 152
Launenbarometer
Seite 58

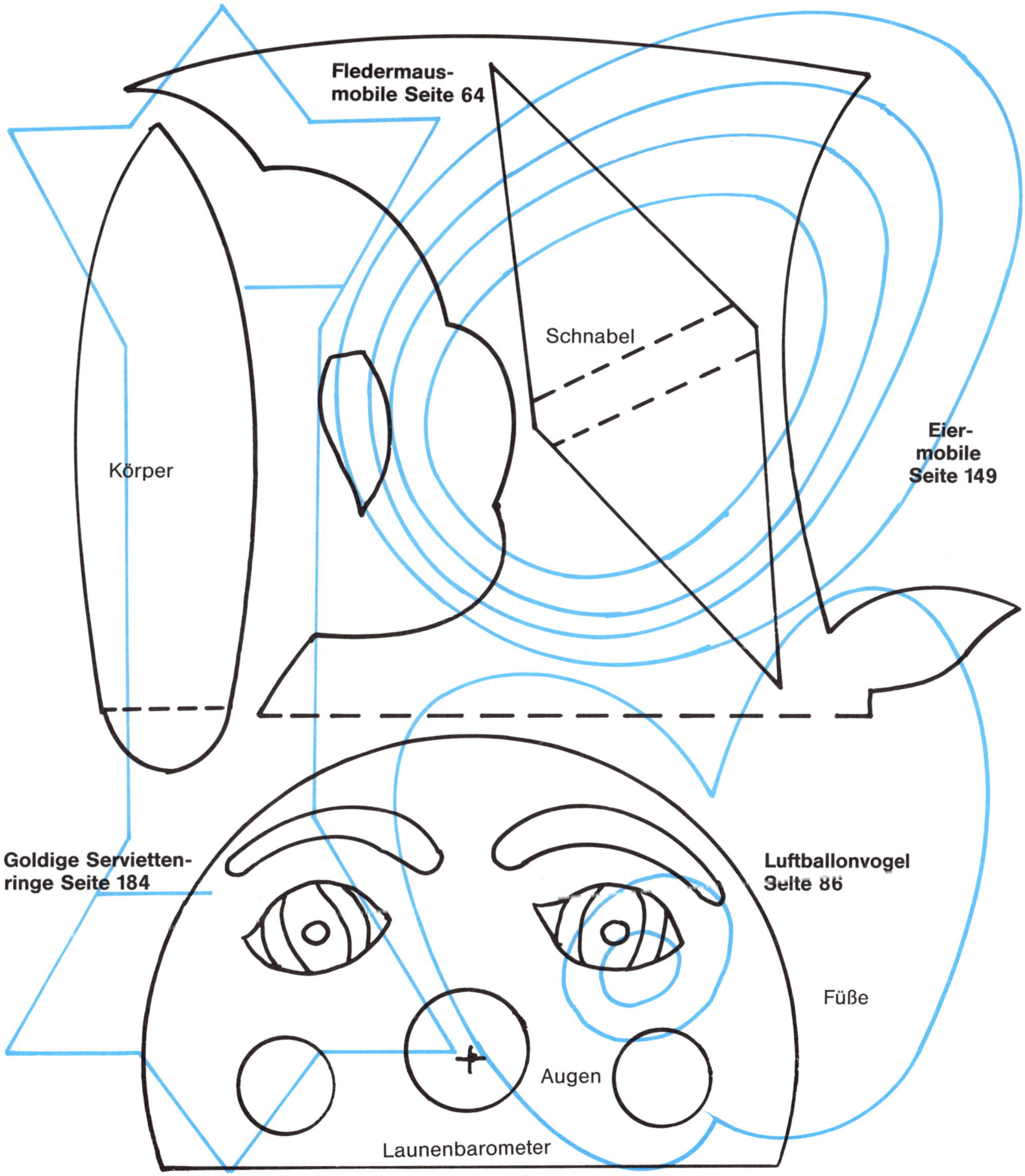
Fledermaus-
mobile Seite 64
Schnabel
Körper
Eier-
mobile
Seite 149
Goldige Servietten-
ringe Seite 184
Luftballonvogel
Seite 86
Füße
Augen
Launenbarometer

Register